世界から格差がなくならない本当の理由

池上 彰

SB新書
384

はじめに——格差拡大の現場で、いま何が起きているのか？

かつて日本は「一億総中流」と呼ばれたことがあります。世論調査で「あなたは上流だと思いますか、中流ですか、下流ですか？」と尋ねると、ほとんどの人が「中流」だと答えたのです。

旧ソ連のゴルバチョフ大統領は、日本について「世界で最も成功した社会主義国」と称したことがあります。ソ連にとって日本は、「理想の社会主義国」に見えたからです。

ソ連は、「国民が平等に豊かで生き生きと働く国」を理想と考え、そんな社会を実現しようとしました。しかし、実際には共産党幹部とその家族が優雅な暮らしを満喫する一方、庶民は苦しい生活を強いられました。共産党の一党独裁の下、「社会主義国」

のはずなのに格差社会だったのです。人々は、働いても働かなくても暮らしはよくならず、働く意欲を失っていました。そうなれば、国が豊かになれるわけはありません。対する日本は、格差がつきもののはずの資本主義国なのに、国民の大多数が「中流」と感じ、働くことに生きがいを感じて生き生きと働き、結果としてソ連よりはるかに豊かな社会を実現しました。

しかし、そんな日本も過去の話。生活保護の受給者の数は増え続けています。「子どもの貧困」も深刻です。学校給食以外に栄養のバランスのとれた食事を食べることができない子どもたちは、夏休みが終わって学校に出て来ると、すっかりやせ細ってしまっている。そんな報告もあります。そんな子どもたちに少しでも栄養のあるものを食べてもらいたい。そう考えるボランティアによる「子ども食堂」が全国に増えています。

高齢者の間の格差も深刻です。年金だけを頼りにつましい生活をしている老夫婦もいれば、豪華客船による世界一周クルーズを楽しむ夫婦もいます。ＪＲ西日本や東日本が導入した豪華列車の旅も、指定席が売り出しと同時に売り切れてしまう状態が続いています。

日本は「成功した社会主義国」から「失敗した資本主義国」に変身しようとしているのでしょうか。

しかし、こうした格差は日本ばかりではありません。とりわけ極端な格差が広がっているのがアメリカです。ドナルド・トランプ大統領は、格差に苦しむ白人労働者の心をつかむことで勝利もつかみました。

格差に苦しむ労働者たちは、これまでの政治の継続を望みません。これまでの常識が通用しないような極端な主張をする人物であっても、「いまより悪くなることはない」と、チェンジに賭けます。それがトランプ現象であり、ヨーロッパで吹き荒れている排外主義です。移民も難民も追い出せ。自分さえよければいい。そんな風潮が広がることで、ヨーロッパ統合の動きはストップ。「ヨーロッパから戦争をなくすためには国境をなくすことだ」という理想の下に成立したEU（ヨーロッパ連合）は危機に瀕《ひん》しています。

世界がこのように「内向き」になった背景には、東西冷戦後のグローバリズムの進展がありました。人やモノの移動が自由になり、人々は国境を越えて移住します。関税がなくなったことで、貿易が盛んになり、人々は安い商品を得られるようになります。生活は豊かになりました。この波に乗って大金持ちになる人が出現しました。

その反面、周囲に言葉の通じない異文化の人たちが住み始め、海外から安い商品が流れ込むことで自国の産業が衰退。働き場を失う。そういう人たちも増えました。貧困層もまた増大しました。

これが、大きな格差を引き起こしました。まさにグローバリズムの光と影です。

では、格差拡大の現場では何が起きているのでしょうか。私たちは、どうすればいいのでしょうか。この本が、それを考える手掛かりになれば幸いです。

2017年2月

ジャーナリスト　池上　彰

『世界から格差がなくならない本当の理由』◉目次

第4章 ウォール街で知る巨額資産のカラクリ

第5章　グローバリゼーションの闇

第6章　トランプ大統領の誕生で、金持ちはますます金持ちに!?

第7章　貧しい人がますます貧しくなる日本

第8章　日本の格差はなぜ広がったのか？

第9章　格差是正の方策を考える

序章

なぜ世界から格差はなくならないのか？

今、世界を覆《おお》い尽くす格差。富める者はより富み、貧しい者はさらに貧しさへと突き落とされる理不尽な社会。なぜ「格差」は生まれるのか？　なぜ「格差」は拡大し続けるのか？　資本主義社会が生み出したこの最大の病巣《びょうそう》に斬り込む！

◉2016年最大のニュースはトランプ氏の大統領当選

2016年最大のニュースと言えば、11月に行われたアメリカ大統領選挙ではなかったでしょうか。優位とみられていたヒラリー・クリントン氏（民主党）を破ってドナルド・トランプ氏（共和党）が大統領に当選。これには驚いた方も多かったことと思います。

実は、彼が勝利した背景には、アメリカのこんな事情があるといわれています。

それが「格差」です。

格差や貧困にあえぐ多くの白人労働者たちの票が、トランプ氏に勝利をもたらした大きな要因となったといわれています。

この格差や貧困のニュースは、日本でもこのところ連日、報じられています。

そこで考えてみたいのがこのテーマです。

「なぜ世界から格差はなくならないのか？」

資本主義社会が生み出した、「格差」という大きな問題について、考えてみましょう。

今のままだと お金持ちは ますますお金持ちになり、格差は広がり続ける

◉衝撃の事実！ 大富豪8人＝世界36億人の富

まず見ていただきたいのが、「36億人分の資産＝富豪上位8人　NGO、貧富の格差拡大警告」という記事です。2017年1月、貧困問題に取り組む国際的なNGO団体、オックスファムが発表した衝撃的なデータを報じています。

それによると、世界の人口73億5千万人をピラミッドで表したとき、世界中にいる富裕層の上位8人が持っている資産、つまり財産は、人口の半分にあたる下位36億7500万人の資産とほぼ同じだと

いうのです。

では、この8人が所有する資産はどれくらいなのかというと、計4260億ドル、日本円にして約48兆7千億円（1ドル＝114・3円で換算）。信じられない額を、たった8人のお金持ちが所有しているということです。

オックスファムは、「1988年から2011年にかけ、下位10％の収入は年平均3ドルも増えていないのに、上位1％の収入の増加幅は182倍」だったとしています。

なぜこんなことになってしまったのか。

お金持ちは自分の国で税金を納めないでタックスヘイブン（租税回避地）にお金を移し、アメリカでは、富裕層だけが集まって独立した都市をつくるという考えられない動きまで出てきました。

富める者はますます富み、貧しい人はますます貧しくなって、格差が広がっています。

格差の頂点に立つ大富豪たちは、この現状をどう考えているのでしょうか。

なぜ格差は生まれ、拡大し続けるのか？

格差が広がる現状

世界の格差広がる

36億人分資産＝富豪上位８人

NGO 貧富の格差拡大警告

国際非政府組織（ＮＧＯ）オックスファムは16日、世界で最も裕福な8人と、世界人口のうち経済的に恵まれていない半分に当たる36億７５００万人の資産額がほぼ同じだとする報告書を発表した。貧富の格差拡大は社会の分断を招き、貧困撲滅の取り組みを後退させると警告。各国政府や大企業に「人道的な経済」の確立を求めた。

報告書は、８人の資産が計４２６０億ドル（約48兆７千億円）で、世界人口73億５千万人の半分の合計額に相当すると指摘。１９８８年から２０１１年にかけ、下位10％の収入は年平均３ドルも増えていないのに、上位１％の収入の増加幅は１８２倍としている。オックスファムは米経済誌フォーブスの長者番付などに基づき資産を計算したといい、８人には米ＩＴ大手マイクロソフト創業者のビル・ゲイツ氏らが含まれるとみられる。（共同）

2017年1月17日付
産経新聞（共同通信 配信）

富裕層８人＝下位36億人

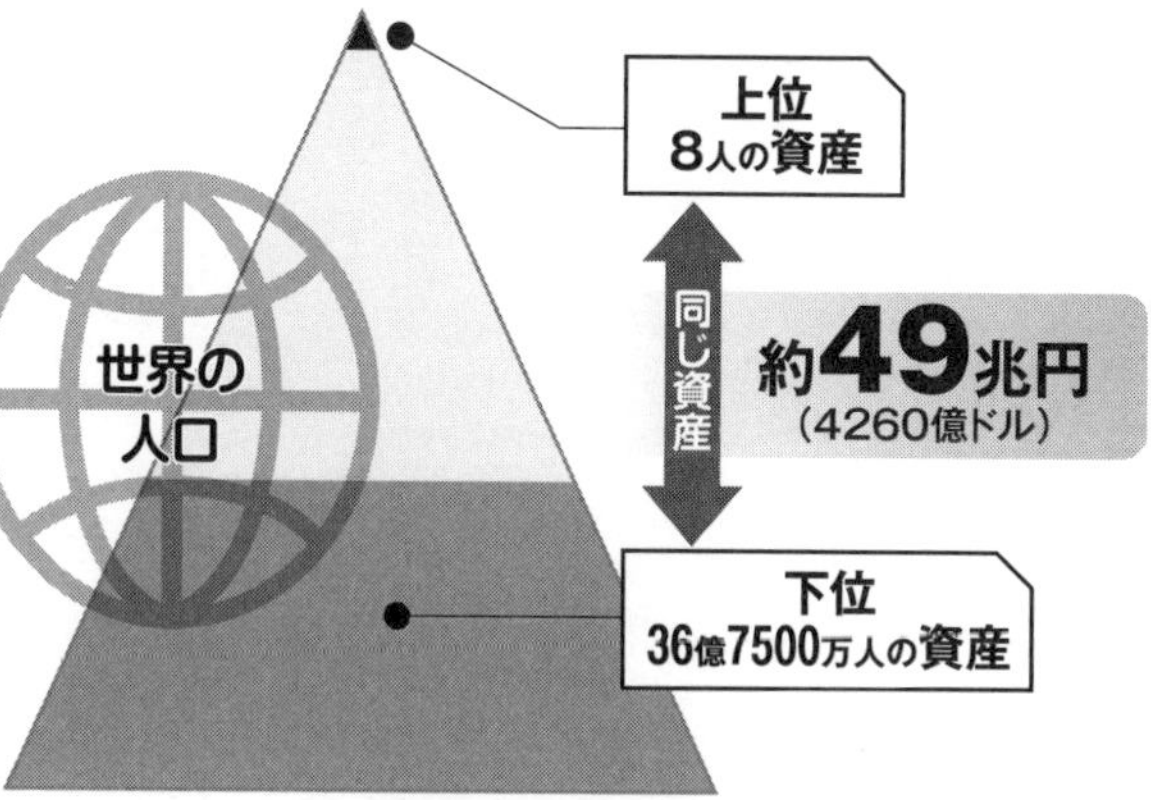

1ドル＝114.3円で換算
国際非政府組織「オックスファム」
2017年1月16日報告書より

格差はなくすことができるのか？　それとも、豊かな生活を目指すなら格差はなくせないのか？

こうした問題をさまざまな角度から考えていきましょう。

第1章

日本でもアメリカでも深刻になる格差

日本では格差の拡大を示すニュースが頻繁に報道され、〝貧困女子高生〟がバッシングを受ける事件も起きた。一方、アメリカでトランプ氏勝利の原動力となったのは、格差が拡大していることへの国民の怒りだった。深刻な格差の実態について見ていこう。

◉報道に見る日本の格差、貧困の深刻な実態

実は今、世界中で「格差が行き過ぎているのではないか？」とも思えるニュースが連日報じられています。日本でも2016年、多く報じられました。

格差や貧困に関する主なニュースを挙げてみると、まず1月、「沖縄県の貧困率が全国で最悪」という記事が出ました。この記事にある「貧困率」とは、必要最低限の生活を保つための収入がない世帯のことです。

2月には「子育て貧困世帯が20年で倍増」と報道されました。山形大准教授の調査で、生活保護費以下の収入で暮らす子育て世帯が過去20年で倍増したことがわかった、という内容です。

そして4月には「子ども貧困格差、日本ワースト8」という記事が出ます。子供の貧困格差が、世界の先進国41カ国中、日本はワースト8位だったことが、ユニセフの報告書によって明らかになりました。記事には「最貧困層の子どもは、標準的な子どもと比べてどれぐらい厳しい状況にあるのか。その格差を分析したところ、日本は先

格差や貧困に関する主なニュース（2016年）

- **1月** 沖縄県、貧困率全国で最悪
- **2月** 子育て貧困世帯過去20年で倍増
- **4月** 子ども貧困格差日本41カ国中ワースト8
- **8月** NHKで「貧困女子高生」を報じる→ネットで「貧困たたき」
- **9月** 世帯の所得格差最大を更新
- **9月** 妊婦の貧困胎児に深刻な影響

県貧困率 全国で最悪
34% 子の貧困も拡大
なくせ子どもの貧困

▲2016年1月5日付 沖縄タイムス

子育て貧困世帯 20年で倍
39都道府県 10%以上
山形大准教授調査

◀2016年2月18日付 毎日新聞

進41カ国中34位」とあります。

そんなことを言われても全然実感が湧かないという人もいることでしょう。一方、やはりそうだったのかと強く実感している人もいて、人によって受け止め方はかなり異なるようです。

子供の貧困の実態が見えにくいために、ピンと来ない人もいるということなんだろうと思います。

さらに9月です。「世帯の所得格差が最大を更新した」というニュースもありました。

このように、毎月のように「格差」や「貧困」という言葉がニュースになるなかで、2016年、とりわけ大きな話題となり、問題になったのは、NHKの夜のニュース番組ではなかったでしょうか。

2016年8月、NHKで子供の貧困に関する特集が組まれ、ある女子高校生がインタビューに応じたのですが、その後、ネット上で大騒ぎになりました。このニュースは、日本の貧困の現状を考える上でとても重要なので、少し振り返っておきましょう。

子供の貧困格差

子ども貧困格差 日本ワースト8

先進41カ国で34位 ユニセフ報告

最貧困層の子どもは、標準的な子どもと比べてどれぐらい厳しい状況にあるのか。その格差を分析したところ、日本は先進41カ国中34位で、悪い方から8番目だった。国連児童基金（ユニセフ）が報告書をまとめ、14日発表する。日本について分析し、国際比較したのは初めて。

子どものいる世帯の所得分布（推計値）をもとに、下から10％目の最貧困層と真ん中の標準的な子どもとの所得格差が大きいほど、貧困の深刻度が高いとして、格差の小さい順に、欧州連合（EU）または経済協力開発機構（OECD）に加盟する先進41カ国を順位付けした。

上位の北欧諸国では、最貧困層の子どもの所得は、標準的な子どもの6割ほどだった。日本では最貧困層の子どもは、標準的な子どもの4割に満たない。

最貧困層の所得、標準の4割

日本語版の解説を担当した首都大学東京子ども・若者貧困研究センター長の阿部彩さんの分析によると、1985年から2012年にかけ、格差は拡大している。真ん中の所得が約177万円から211万円に上がったのに対し、最貧困層の所得は90万円から84万円に下がったためだ。

阿部さんは「貧困が広がっているだけでなく、深刻度も高い現状が明らかになった。日本は平等社会だと幻想を抱いていると、さほど深刻に思えないかもしれないが、幻想を早く捨て、貧困と格差に対処する覚悟が必要だ」と話している。

各国の所得は、13年の調査データに基づく推計。日本の所得は、厚生労働省の13年国民生活基礎調査による12年の数値に基づく。報告書は、所得、教育、健康、生活満足度の四つから分析した。（田中陽子）

■子ども貧困格差（小さい順）

1	ノルウェー
2	アイスランド
3	フィンランド
4	デンマーク
5	チェコ
…	
30	米国
34	日本
…	
37	イスラエル
38	ギリシャ
39	メキシコ
40	ブルガリア
41	ルーマニア

2016年4月14日付 朝日新聞

所得格差 最大に

厚生労働省は15日、世帯ごとの所得格差などを示す2014年の「所得再分配調査」の結果を発表した。所得格差を表す「ジニ係数」は、税金などを支払う前の所得（公的年金などの給付を除く）にあたる「当初所得」で0・5704（前回比0・0168ポイント増）となり、過去最大を更新した。

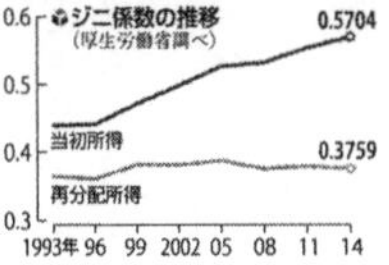

「再分配」後は横ばい

当初所得のジニ係数は、1984年から年々増加している。2014年の当初所得の平均は392・6万円で、高齢者が家計を支える世帯では95・3万円だった。所得格差が広がったことについて、厚労省は「高齢者と単身世帯の増加が要因」としている。

当初所得に徴税や受給した公的年金などを反映した「再分配所得」のジニ係数は、0・3759（同0・0032ポイント減）で、横ばい傾向が続いている。再分配でどれだけ格差が縮小したかを示す「改善度」は34・1％（同2・6ポイント増）となり、過去最大を更新した。

ジニ係数　イタリアの統計学者コラッド・ジニが考案したもので、所得格差の程度を示した指数。全世帯の所得が完全に平等なら「０」、１世帯が全体の所得を独占してほかの世帯の所得がないと「１」になる計算で、格差が大きいほど１に近づく。

2016年9月19日付 読売新聞

●〝貧困女子高生〟炎上のワケ

番組で取り上げられた女子高校生は、「経済的な理由で進学をあきらめた」として紹介されました。ところがその後、彼女の部屋に趣味のアニメグッズなどがあったことから、この女子高校生は「貧困ではない」などとネット上に書き込まれ、誹謗《ひぼう》中傷を受ける、という事態にまでなってしまいました。

なぜこのようなことが起きたのか。それは、貧困に対する理解が十分できていないからではないかと思うのです。

実は、貧困には二つの概念があるといわれています。それが「絶対的貧困」と「相対的貧困」です。

「絶対的貧困」とは、最低限の生活をも営むことができないような状態のこと。食料や生活必需品を購入するためのお金がないなど、衣食住さえままならない人たちのことをいいます。

アフリカで飢餓《きが》に瀕して、たくさんの人が亡くなっていく映像を見ることがありま

貧困女子高生の報道

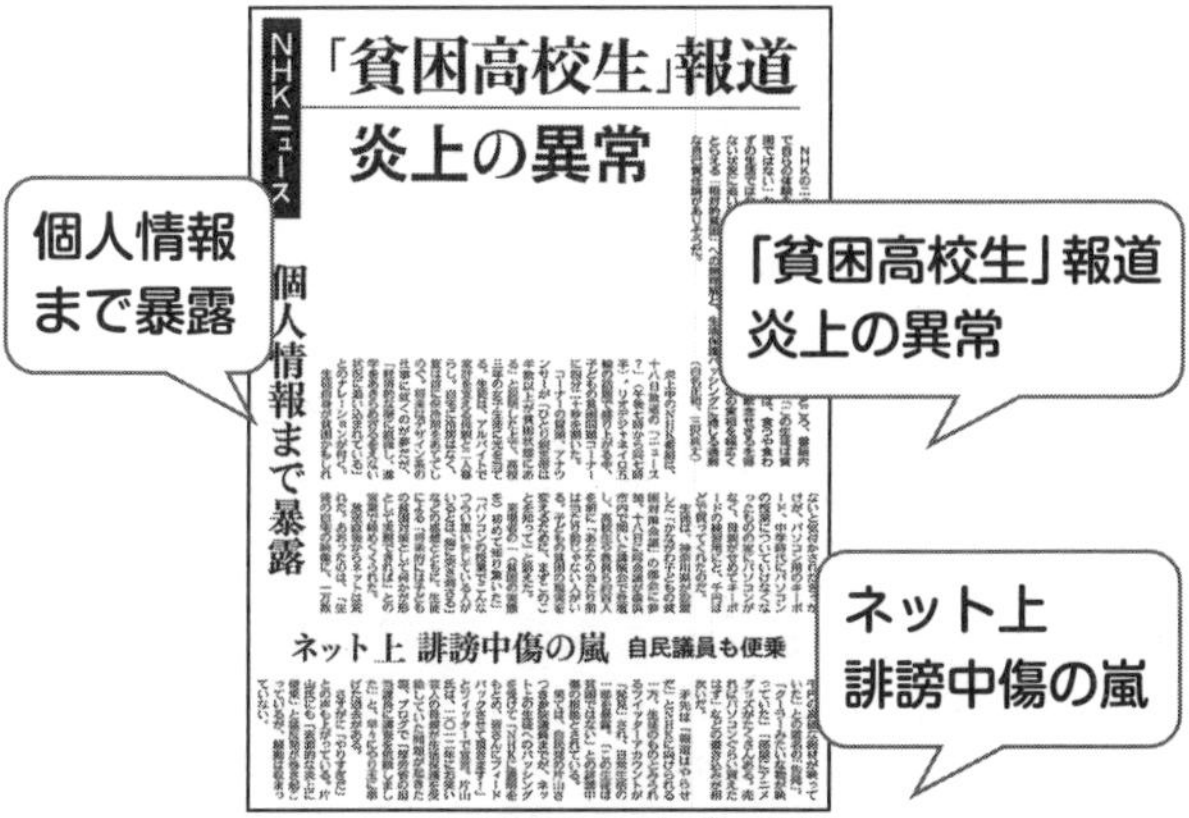

2016年8月23日付 東京新聞

すね。あれがまさに絶対的貧困です。

それに対して「相対的貧困」とは、年間の可処分所得が中央値の半分を下回っている状態のことです。

可処分所得というのは、要するに手取りのお金ですね。働いて得た収入から社会保険料や税金を差し引いたものです。

中央値は、聞いたことのない人がいるかもしれません。これは平均値とは違います。所得の平均値は、全ての世帯の所得を足してその数で割った金額。厚生労働省の2015年の調査では、1世帯あたりの所得の平均値は541万9000円です。

「わあ、うちは平均に届いてない」とガッカリする人が多いと思いますが、とてつもないお金持ちの世帯が平均値を引き上げているため、どうしても高めの数字が出てしまいます。

一方の中央値は、全世帯を所得順にずらっと並べて、ちょうど真ん中を示す数値です。それがいくらになるかというと、厚生労働省の同じ2015年の調査で427万円と発表されています。

どうですか？ 平均値と比べて100万円以上差がありますよね。この数字のほうがしっくりくるのではありませんか？ 平均値よりも中央値のほうが日本人の所得の実態により近いといわれており、貧困を知る上では**所得の中央値***を使うのが一般的です。

その場合の相対的貧困とは、427万円の半分を下回っている状態、つまり世帯当たりの可処分所得が年間約214万円を下回る人たちが、いわゆる相対的貧困層ということになります。

所得の中央値を使って、貧困層を知る

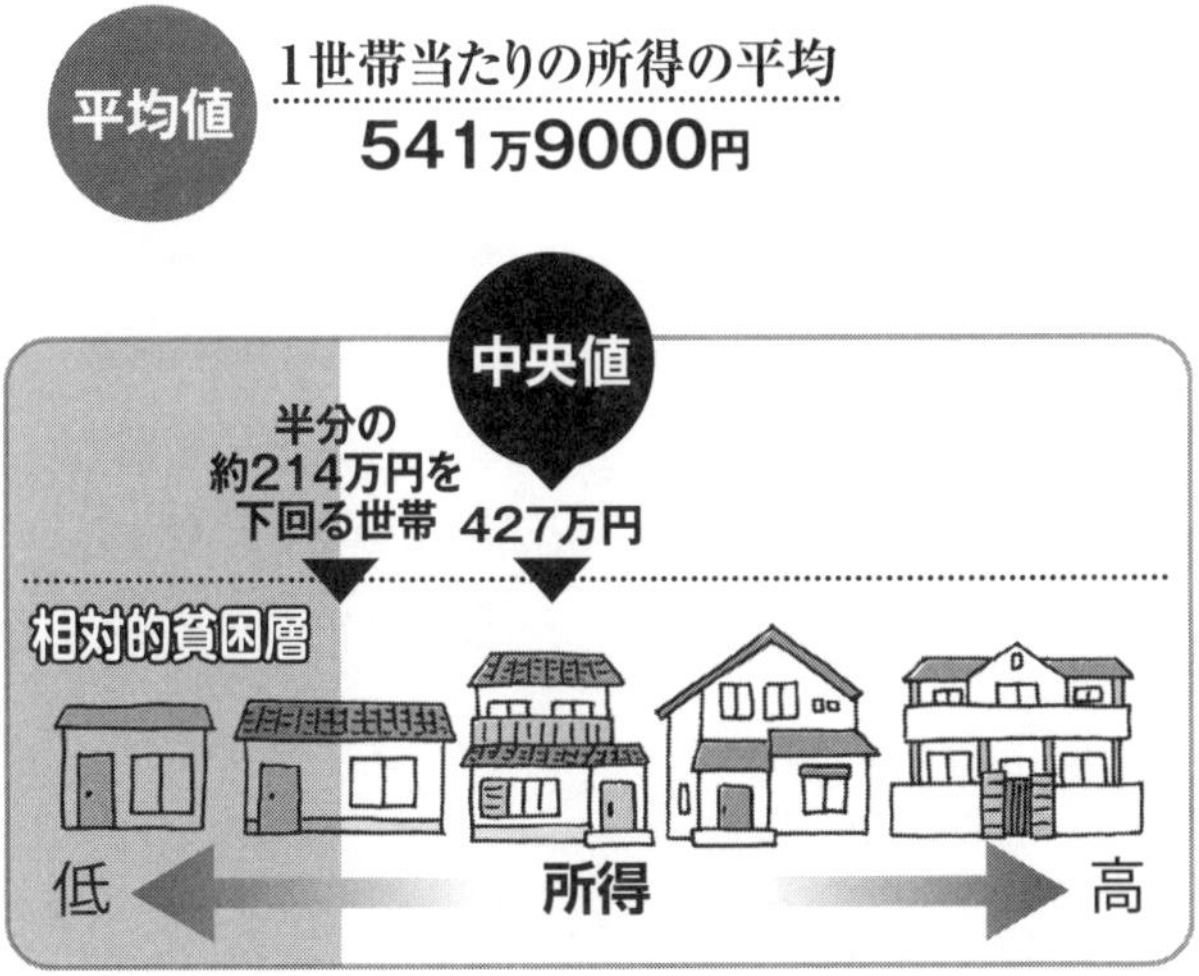

厚労省 2015年 国民生活基礎調査より

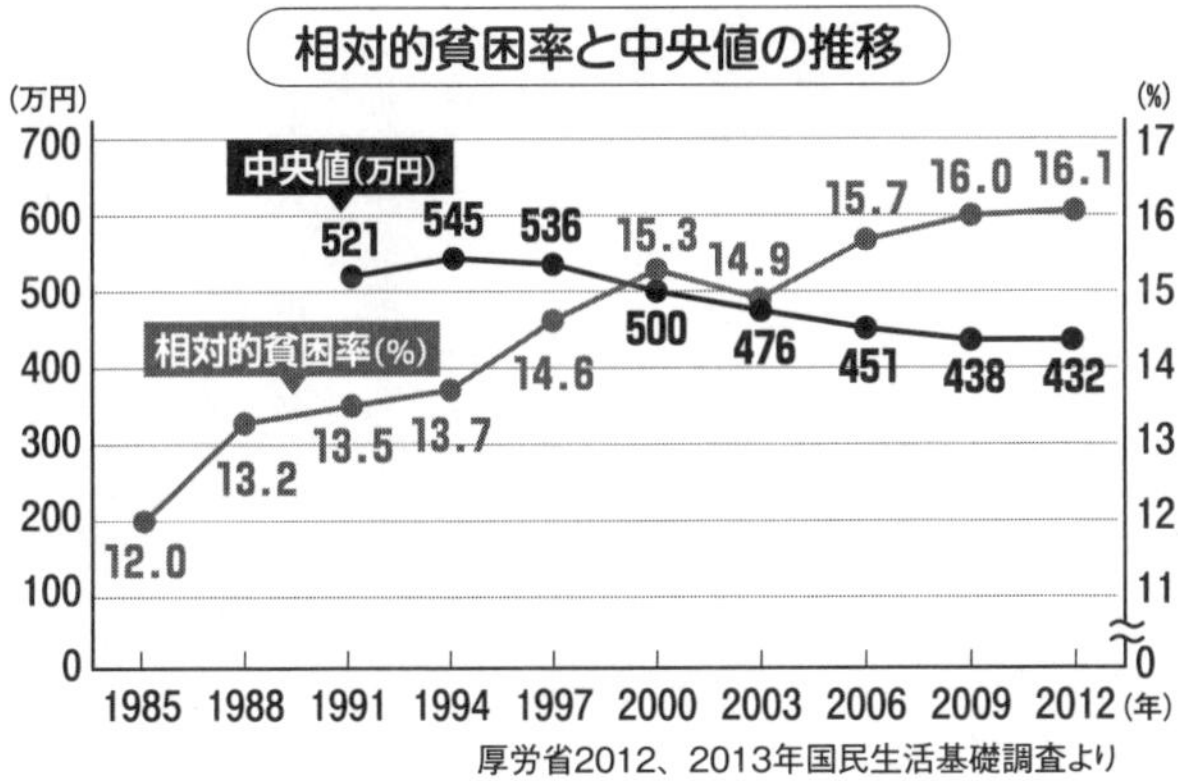

厚労省2012、2013年国民生活基礎調査より

貧困には二つの概念がある

絶対的貧困

最低限の生活をも
営むことが
できないような状態

相対的貧困

年間の可処分所得が
中央値の半分を
下回っている状態

＊**所得の中央値**＝所得の中央値は世帯の所得をもとに算出するが、厳密に言えば、4人世帯の家もあれば、1人世帯の家もあるので、その違いを調整する必要がある。その場合、ＯＥＣＤの算出方法に基づき、世帯人員の差を調整した「等価可処分所得」（世帯の可処分所得を世帯人員の平方根で割ったもの）を計算し、それを所得順に並べてちょうど真ん中の数値をとるという方法が使われる。厚生労働省は、この方法で出した中央値をもとに相対的貧困率を算出している。

27ページ下のグラフで、中央値の推移を見ると、今の日本がいかに深刻な状態なのかがわかります。グラフから明らかなように、中央値は年々下がっています。日本でちょうど真ん中ぐらいの人の可処分所得は、減り続けているわけです。

では、相対的貧困といわれる世帯はどれくらいあるのか？　厚生労働省が発表している**相対的貧困率***は、逆に増えています。

＊相対的貧困率＝日本国民の中で相対的貧困の状況にある世帯がどれくらいあるかを数値化したもの。厚生労働省によれば、貧困率の調査は3年おきの大規模調査年に実施される。最新の大規模調査は2016年に実施され、発表は2017年7月中旬の予定。

要するに、貧困といっても、絶対的貧困という人は今の日本にはほとんどいないでしょう。食べる物がなくて飢え死にしてしまうという人は、生活保護の仕組みもありますから、そこまでの人はほとんどいない。ところが、相対的貧困の人は増えている。

日本で今、格差が広がっているといわれるのは、そういうことなのです。

こう見てくるとわかるように、NHKの番組で騒動が起こったのは、「絶対的貧困」だけが「貧困」であると勘違いしている人が多かったためと考えられます。番組に出ていた女子高校生は「相対的貧困」でした。それを見て「なんだ、アニメのグッズがあるじゃないか」と言うのは、絶対的貧困と相対的貧困を混同したものだったのではないか。彼女の場合、趣味などに多少のお金を使う余裕はあるけれども、進学ができるほどの収入はなかったということです。

●トランプ氏勝利の背景に格差問題があった⁉

格差や貧困が問題になっているのは、もちろん日本だけではありません。アメリカでも非常に大きな問題になっています。

大統領選挙ではドナルド・トランプ氏が勝利しました。多くの人がクリントン氏優勢だと思っていたのに、なぜトランプ氏が選ばれたのでしょうか。そこには、アメリカが抱える格差問題が関係しているといわれています。次にそれを説明しましょう。

今回、大統領選挙のカギを握ったといわれている場所があります。アメリカの地図（32ページ）を見てください。色の濃いところがトランプ氏勝利の州、色の薄いところがクリントン氏勝利の州です。その中でオハイオ州、ペンシルベニア州、インディアナ州などにまたがる一帯は、こう呼ばれています。

「ラストベルト（Rust Belt）」

日本語で普通に「ラストベルト」と言うと、「最後」のlastと思ってしまうのですが、LではなくてRなんですね。「さびついた工業地帯」という意味です。

1930年代には、この辺りは鉄鋼や自動車などの製造業が盛んで豊かでした。それが、1970年代以降、海外の安い製品に押されて工場が次々に廃業に追い込まれ、すっかり衰退してしまいました。「工場がさびついてしまった」という意味でこのように呼ばれています。

この一帯には特に中低所得者層の白人が多く住んでいて、これまでは民主党が強い地域でした。今回もクリントン氏は、ここは絶対自分が勝てると思っていたので、あ

トランプ氏勝利のカギを握った、ラストベルト

まり遊説にも行っていませんでした。

ところが、トランプ氏は選挙戦終盤になってこのラストベルトに頻繁に足を運んでいたのです。この地域に住んでいるすっかり貧しくなってしまった人たちが、今回、民主党から共和党に乗り換えて、トランプ氏に投票したのではないか、といわれています。

◉雇用問題で「私が彼らの代弁者だ！」

では、なぜ彼らはトランプ氏に票を入れたのか？ そこにはトランプ氏が訴えてきた発言が影響していると考えられます。

たとえば、トランプ氏はこんなことを言っています。

「私は毎朝目覚めるたびに、国民の生活をよくしようと決意する。解雇された工場の労働者や不当な貿易条件によって打撃を受けた地域を訪ねた。それらの地域の人々はわが国から忘れられている。私が彼らの代弁者だ」（米オハイオ州、16年7月21日）

大統領選挙に勝利した、トランプ氏

日本ではトランプ氏の暴言や失言ばかりが報道されるので、そんなことばかり言っているのかと思うかもしれませんが、全国を回りながら演説でこういうことを言っていたのです。

自由貿易が進んで仕事を失ってしまった人たちは、「彼なら何かやってくれるんじゃないか」と期待をし、これまで政治不信で「どうせ世の中変わらないよ」と選挙に行かなかった人たちが、今回は投票所に足を運んだといわれています。

アメリカ社会に格差があったからこそトランプ大統領の誕生というビックリするような結果になったということです。

第2章

金持ちが独立し、富裕層だけの都市が続々誕生

今、アメリカで続々と生まれる富裕層だけが独立した街。「税金は自分たちのために使ってほしい。第三者のためには使ってほしくない」と言うアメリカ人。そして置き去りにされた貧困層の惨状。これは明日の日本の姿なのか！

◉住民投票で新しい「市」をつくり独立

アメリカでは今、格差の拡大を象徴するような驚くべき事態が起きています。

それが〃お金持ちの独立〃です。

お金持ちたちが、自分の住む街をより住みやすくするために、新しく〃市〃をつくり独立しようという動きが進んでいるのです。

「一体どういうこと?」と思う人も多いでしょうから、説明しましょう。

アメリカ南東部のジョージア州にフルトン郡という**郡***があります。ここをさらに細かく見ると、ちょうど真ん中にあるのが20年ほど前にオリンピックが開かれたアトランタ市です。

> ***郡**=アメリカでは、州の下に郡という行政区画があり、その下に市や町があるのが一般的。例外もあり、たとえばニューヨーク市はニューヨーク州の五つの郡を内包している。

格差の拡大を象徴するような出来事

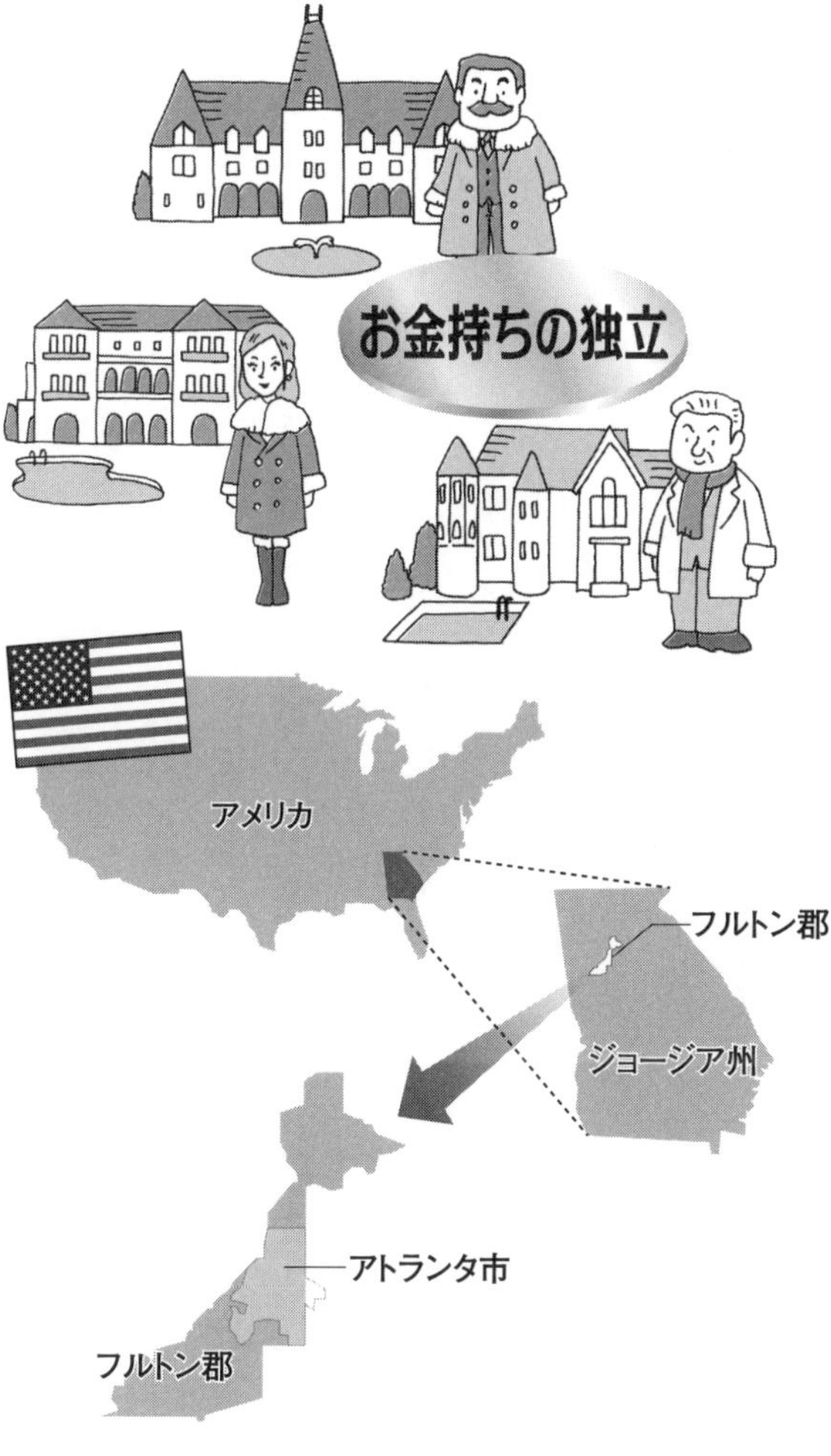

このアトランタ市の北側にサンディスプリングスという地域がありました。この地域を管轄するのはフルトン郡ですが、この地域の住民が郡の税金の使い方に不満を持ったのです。たとえば治安の問題があります。

フルトン郡は大きく分けると、アトランタ市の北側が所得の高い地域、南側が所得の低い地域です。北側に比べて南側のほうが犯罪が多く、警察官は南側での仕事が多くなります。このため、いざ北側で事件が起きても、警察の対応が遅いという問題がありました。

北側の住民にしてみれば、きちんと税金を払っているのに対応が遅いのは納得できない。「フルトン郡は自分たちの面倒をちゃんと見てくれていないじゃないか」という不満がだんだんたまっていったのです。

そこで、このサンディスプリングスの住民たちは、独立した市をつくってしまえば、自分たちの税金は自分たちのために使えると、こう考えました。ジョージア州では、独立する地域の住民投票によって独立が認められるという仕組みになっています。そこで2005年に住民投票を行い、サンディスプリングス市という新たな市が誕生し

住民投票で新しい市の誕生

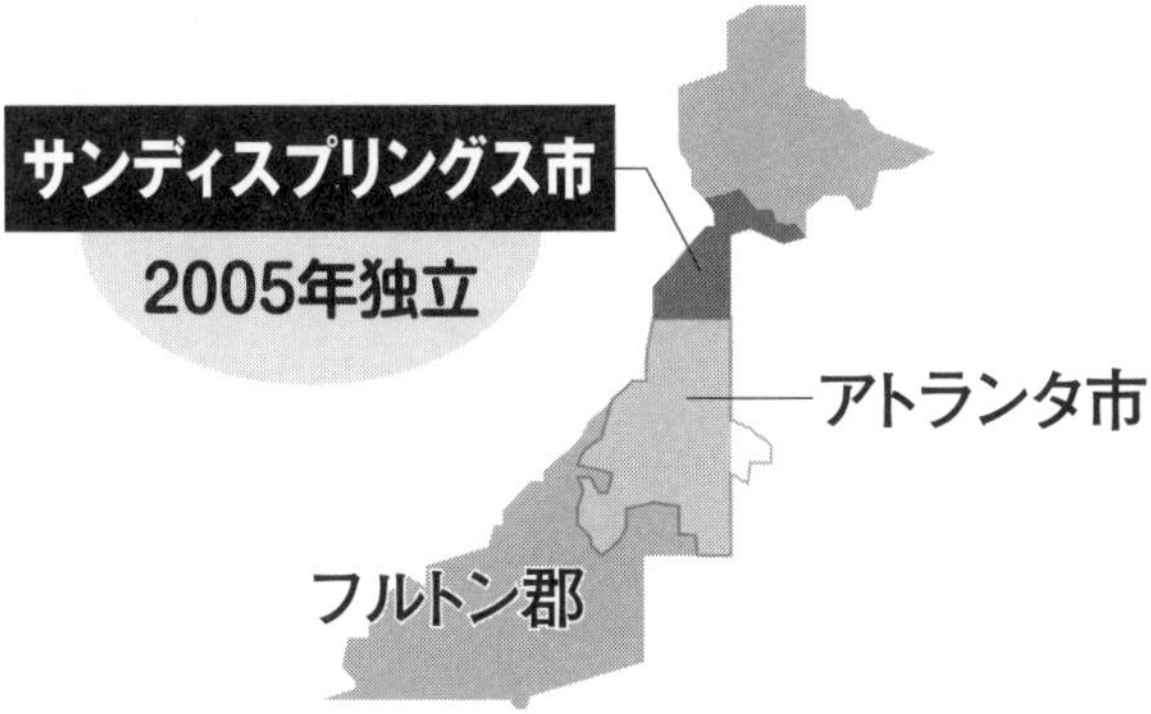

ました。

その結果、何が起きたのか。今までサンディスプリングスの人たちがフルトン郡に納めていた税金が減って、郡の税収が減りました。サンディスプリングスには大手企業も多く、住民も高所得者が多いので、郡にとってはかなりの減収になり、逆に、新しくできた市は高額な納税が期待できるというわけです。

結局、これはいいじゃないかということで、周りの高額所得者の多い地域が次々に独立を始めました。サンディスプリングス市が独立した翌年、ジョンズクリーク市とミルトン市が独立。さらにそ

高額所得者の多い地域が次々に独立

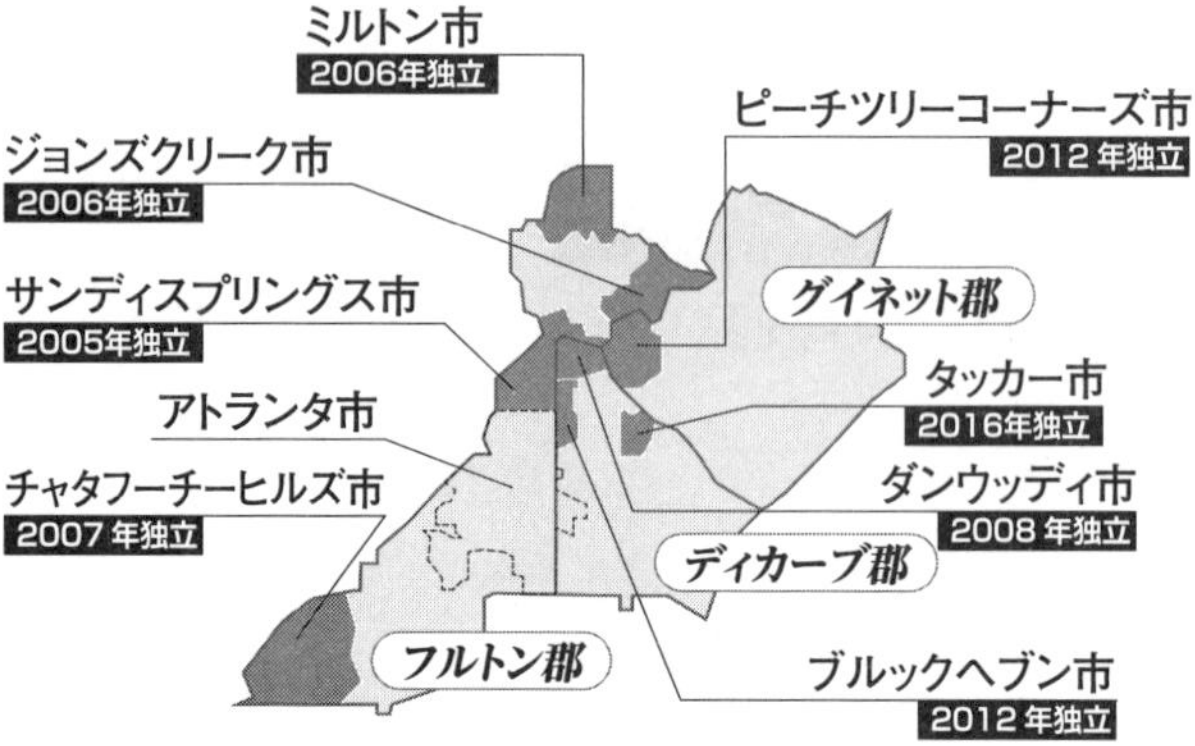

の翌年、もう一つの市が独立すると、その動きは隣の郡へと広がり、ブルックヘブン市、ピーチツリーコーナーズ市など四つの新たな市が生まれました。

●「税金は自分のために使ってほしい」と語る市民

自分たちが払っている税金の使われ方に納得のいかない住民が独立した市とは、一体どんな市なんでしょうか。

２００６年に独立し２０１６年に10周年を迎えたジョンズクリーク市を取材しました。

2006年に独立した、ジョンズクリーク市

アトランタから車で45分ほど、自然豊かな土地にあるジョンズクリーク市では、11月5日、独立10周年の記念式典が開催されていました。さまざまな催しが行われる中、独立当初から市長を続けているマイク・ボッカー市長はスピーチでこんなふうに語っています。

「私は自分たちが素晴らしいと信じています。特別なものは特別な人たちによってつくられます。そして皆さんは特別です。私たちの市は特別以外の何物でもないことを証明しましょう」

市長自ら特別だと言うジョンズクリーク市は、独立する以前から高級住宅が建

ち並ぶ裕福な地です。現在の人口は約8万3000人。平均世帯所得は約1270万円。全米の「住みやすい土地ランキング」で4位と高い評価を受けています（米「USAトゥデー」紙16年10月28日付）。

この街の人たちはなぜ独立を望んだのか。当時、賛成に票を投じた人に話を聞くと、こんな理由を語ってくれました。

「支払った税金は自分たちのために使いたい。そのほうが質の高い生活を送ることができる」「自分の税金が誰か知らない第三者のために使われるのではなく、税金は自分の利益になることが理想だと思ったんだ」

つまり、自分が払う税金は、まず自分のために使ってほしいと思って独立に賛成したというのです。

●富裕層に向けた驚くべき行政サービスの数々

彼らの税金がどんな特別な使われ方をしているのか知るために、行政機関を取材しました。まずは市民の安全です。独立後、新たに誕生したジョンズクリーク市警察のエド・デンスモア署長に聞いたところ、市民の安全を守るために税金を使っているといいます。

「予算が増えたので、住民や警察官の命を救うため、さまざまな備品をそろえ、活用しています」

その一つが、パトカー全車に標準装備された心肺停止の際に使うAED（自動体外式除細動機）です。すべての警察官が使えるようにトレーニングのための予算も組まれているとのこと。

さらに、万が一銃で撃たれたときに応急処置ができる止血ベルトや特殊な薬品がついた止血ガーゼも、すべての警察官が装備しています。署長いわく、他にはないというジョンズクリーク市オリジナルの装備です。

「一般的な市では、このような装備やトレーニングのために予算を使うことは不可能でしょう」

市民と警察をつなぐオリジナルのスマホアプリもありました。通報やパトロールの

さまざまな備品を揃え、活用している

税金の用途 1

市民の安全

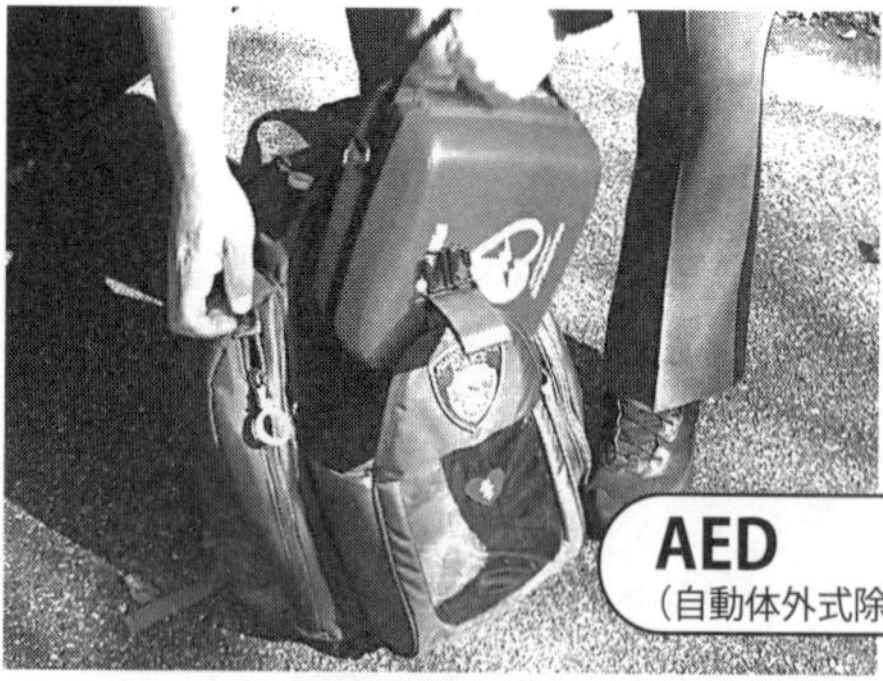

AED
（自動体外式除細動器）

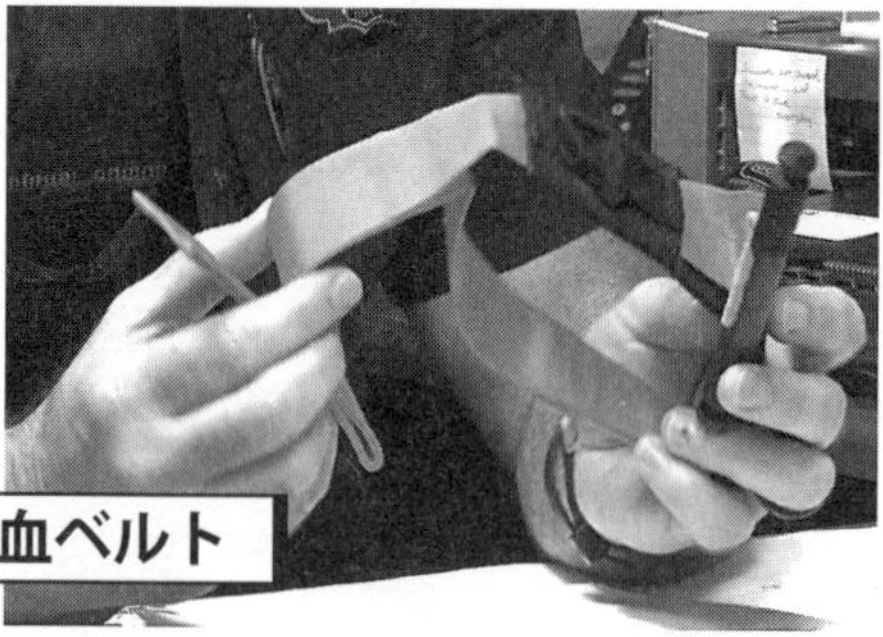

止血ベルト

オリジナルのスマホアプリ

ジョンズクリーク市警察 公式アプリ

通報、パトロール依頼、指名手配者情報 など

依頼、指名手配者の情報も見ることができます。

警察の業務で市民に好評なのが、休暇中の留守宅の巡回パトロール。

「この家は休暇中で留守なんだ。休暇でいつまで家を留守にするかを警察に報告しておけば、この家の情報がコンピューターに登録されて、われわれパトロールの警察官が細かく見回ることができるんだ」（巡回中の警察官）

登録しておけば、1日3回（昼間2回、夜間1回）、必ず家を見回ってくれます。このサービスによって市内の窃盗《せっとう》事件が激減したといいます。

さらに、この市では税金をこんなことに使っています。

それが渋滞の解消です。慢性的な渋滞が問題になっていたため、ジョンズクリーク市では税金で民間が開発した信号機をシステムごと導入。その運用も民間に委託することで渋滞を解消しています。

交通管理センターを訪ねて中を見せてもらいました。市内のあらゆる交差点がライブ映像でモニタリングされ、時間帯によって信号のタイミングを変えながらの交通整理が行われていました。

センター職員によると、突然渋滞がひどくなりそうなときは、

「われわれは青信号をそのままキープすることができます。そうすることで、渋滞しそうなレーンをさばいていくのです」

モニタリングによって事故の状況もいち早く把握できるため、市内の移動時間を安定させることができたといいます。

公共の施設も充実しています。市民の声に応え、ドッグパークや子供公園、屋外シアターなど、さまざまな施設が整備されました。独立したことで市民の満足度は高く

税金の用途 2

渋滞の解消

交通管理センター

なっています。
話を聞いた市民はとても満足そうでした。
「メンテナンスが素晴らしいわ。いつも道路の補修をしているの。納めた税金がきちんと使われていることを実感できます」(女性)
「ジョンズクリーク市はちゃんと税金を使っていて、ウェブ上に税金の使い道もすべて公開している。これからどんな計画があるのかもすぐにわかる。税金の使い方にとても正直な市だよ」(男性)
市の財政はすべて公開され、誰でも見ることができます。この取り組みを見て、わざわざ引っ越してくる人もいるんだとか。
ジョンズクリーク市とミルトン市が独立した翌年の2007年、フルトン郡の税収は約44億円減少しました(1ドル=110円で換算)。郡の報告書では、市の独立が原因と発表しています。つまり、独立した市から取り残された地域では税収が減り、今まで通りの行政サービスが受けられなくなっているのです。

市民の声に応え、公共施設も充実

税金の用途 3

公共施設

ドッグパーク

子供公園

屋外シアター

●「不公平」「自分勝手」と怒る取り残された地域の人々

独立から取り残された地域では、行政への不満が高まっていました。

住民の声です。

「バスの最終便の時間が早まったの。一番遅いバスが夜の9時まで。たいていのは夜の8時台で終わりよ。とにかく終わるのが早すぎよ。ショッピングモールは夜9時までやってるのに、どうやって帰るのよ」(女性)

「道路の土を盛るのに4カ月もかかるなんて。そんな時間があったらビルが建つよ。家だって何軒も建つ」(男性)

生活保護を受けながら6人の子供と暮らす女性は、

「自分より低所得の人を助ける心を持つべきだと思います。彼らは恵まれているのですから。自分勝手だと思います。それに不公平ですよね。今言えるのはそれだけです」

と話してくれました。

不満が高まる、取り残された地域の住民

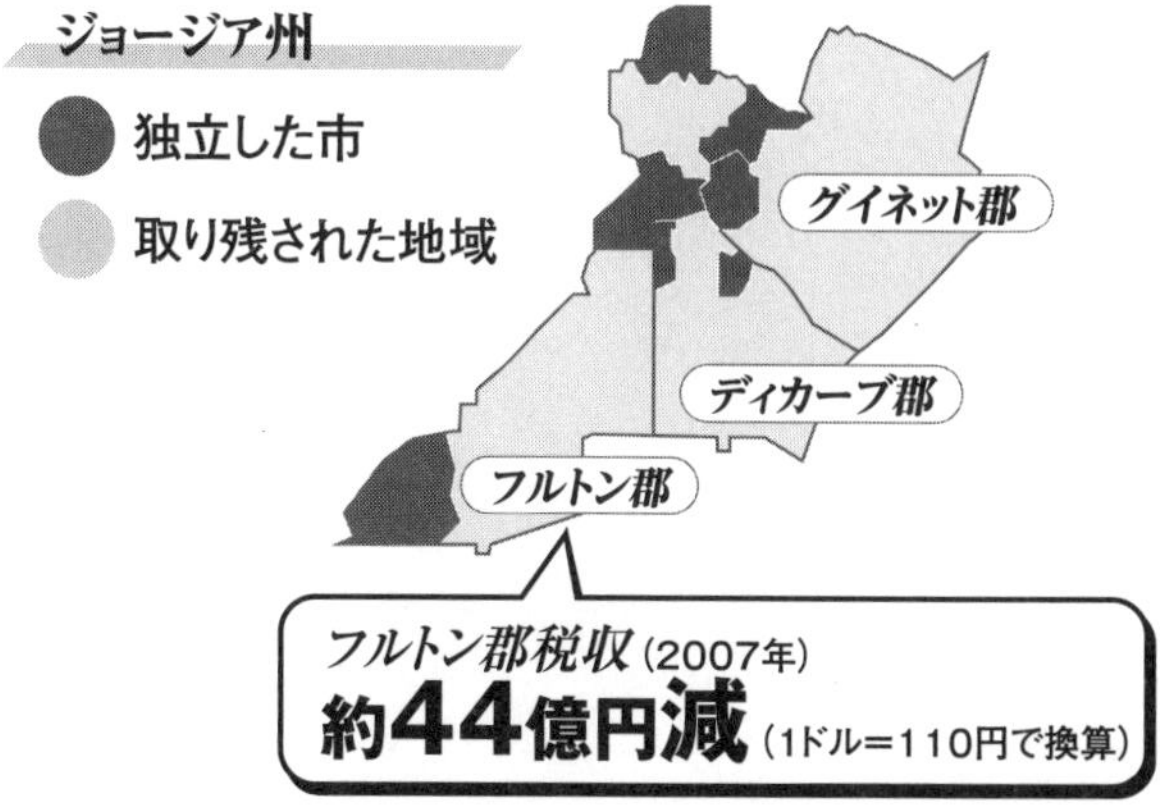

◉富裕層の独立は格差をさらに拡大させる

税金を自分たちだけで使うために富裕層が街ごと独立するという現象はこの地域だけではありません。カリフォルニア州やフロリダ州などでも、富裕層による独立の動きが始まり、全米各地に広まろうとしています。アメリカでは、こうしたお金持ちの独立によって生活の格差がますます広がるという状況が生まれているのです。

でも、考えてみると日本でも、税収が非常に少なくて悲惨な目に遭《あ》っている市

もあれば、逆に財政的に恵まれている市もあります。それは結果的にそうなっているわけですが、アメリカの場合、そういう状況を自分たちで作り出しているところが日本と違うところです。

第3章

アメリカの大富豪トップ20はどんな人たちか？

格差は広がり続けるというピケティ教授の格差論。あなたは納得できる？　「お金持ちはますますお金持ちになる」というが、そもそもお金持ちってどのくらいお金を持っているんだろう？　全米トップ20の顔ぶれを知っておこう。

◉ピケティが実証した格差の拡大

ここまで見てきたところで大きな疑問が生まれます。それがこちら。

「なぜ世界で格差が広がっているのか？」

つまり、格差が広がっているのは日本やアメリカだけではないだろうということです。そこで皆さんに知ってもらいたい大問題があります。

「今のままだと、お金持ちはますますお金持ちになり、格差は広がり続ける」

事実とすればショッキングな内容ですが、最近、格差に関してある実証をした経済学者が話題になりました。

それがフランスの経済学者、**トマ・ピケティ**[*]さんです。

＊トマ・ピケティ＝1971年生まれ。フランス国立社会科学高等研究院教授、パリ経済学校教授。専門は経済的不平等。『21世紀の資本』（日本語訳は2014年12月に刊行）の原著はフランス語版が13年、英語版が14年に刊行された。世界で150

格差に関してある実証をした、フランスの経済学者

格差論

フランスの経済学者
トマ・ピケティ氏

万部以上を売り上げ、世界的なベストセラーとなっている。

彼は『21世紀の資本』という本の中で、格差に関するある不等式を導き出し、世界中で注目されました。日本でも大きな話題になり、2015年には来日もしています。

日本語訳は700ページ以上もある経済の専門書ですが、なぜこの本が注目されたのかというと、多くの人が漠然と「格差が拡大しているんじゃないか」と感じていたことを、長期にわたる統計データに基づいて実証的に説明したからです。

彼は共同研究者と共に、世界20カ国以上

の税務当局の統計データ、つまりそれぞれの国の人がどれだけ税金を納めたかという記録を、200年以上前までさかのぼって収集しました。データを集めるのに約15年かかったそうです。

その膨大なデータをもとにピケティさんが実証した、衝撃的なある不等式がこの本に書かれています。

$$r > g$$

「r大なりg」ということですが、これだけでは何のことかわかりませんよね。rは資本収益率、gは経済成長率です。

資本収益率というのは、株や不動産などあらゆる資本（資産）を運用して得られるお金の割合のこと。言い換えれば、お金持ちが自分が持っているお金を株や不動産に投資して運用したときに、そのお金が1年間でどれくらい増えるのかを計算した数字です。年間平均4～5%で増え続けるとピケティさんは書いています。

膨大なデータに基づいて、数式で実証

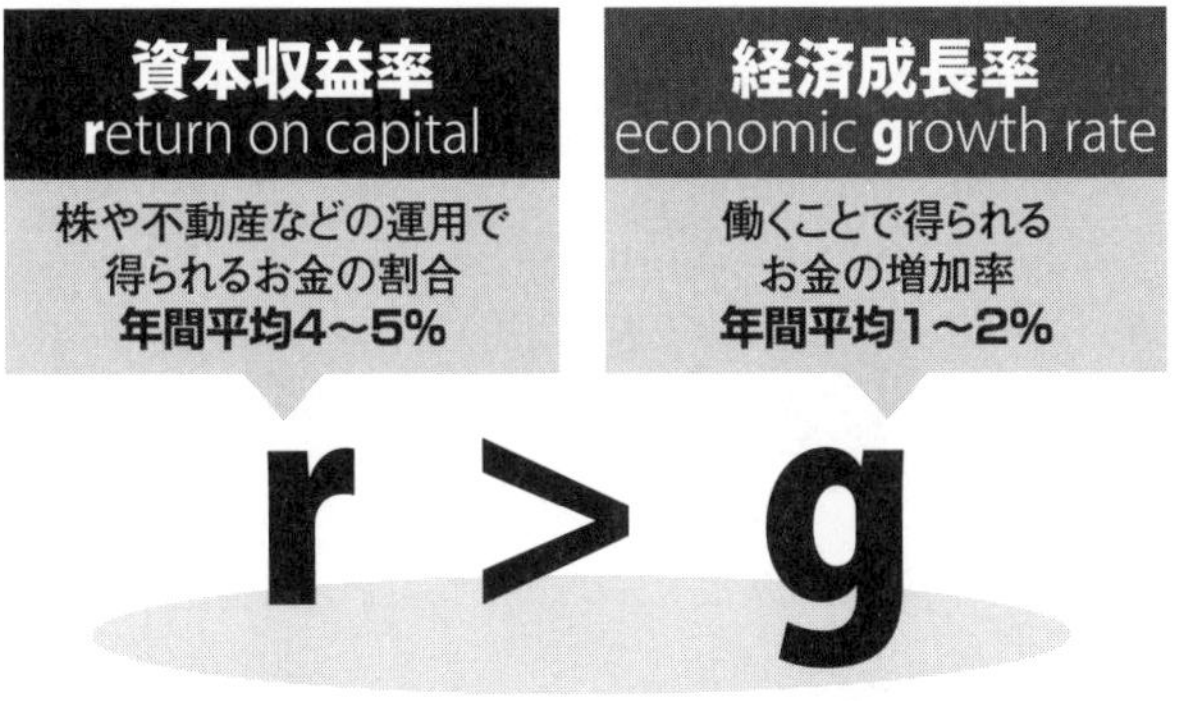

「21世紀の資本」より

一方、経済成長率というのは、働くことで得られるお金の増加率です。こちらは平均で年間1〜2％です。

お金持ちが株や不動産を運用すると年4〜5％財産が増え続けるのに、多くの人が一生懸命働いて得られるお金は1〜2％しか増えていかない。

こうして格差が広がってしまうというわけです。

ピケティさんの研究は、昔からみんな何となくそうかもしれないなと思っていたことを、見事に数字で実証したというところに意義があります。

◉金持ちがますます金持ちに！

もっとも、ｒとｇの差は常に大きいというわけではありません。時期によっては、この差が縮小することもあると『21世紀の資本』には書いてあります。

たとえば戦争です。戦争が起きると、その国は戦争を行うための費用が必要ですから、お金持ちからガッポリ税金を取ります。空襲を受けたりその国が戦場になったりすれば、みんな財産がなくなってしまいます。それによって格差はかなり縮小するのです。

あるいは、不況が深刻になったときに、その国の政府が思い切って累進課税を行い、お金持ちからドーンと税金を取って、それを貧しい人たちに分配するという政策がとれれば、やはり格差は縮小します。

ただ、短期的にはそういうことがあるとしても、長い目で見ると、どうしても格差は広がってしまう。経済成長率も、日本だって年10％ぐらいあった時代もありますが、先進国になるとどんどん下がってきて1％程度で落ち着きました。それに対して資本

アメリカの平均所得の推移

1980年の値を1として「The World Wealth and Income Database」のデータを基に作成

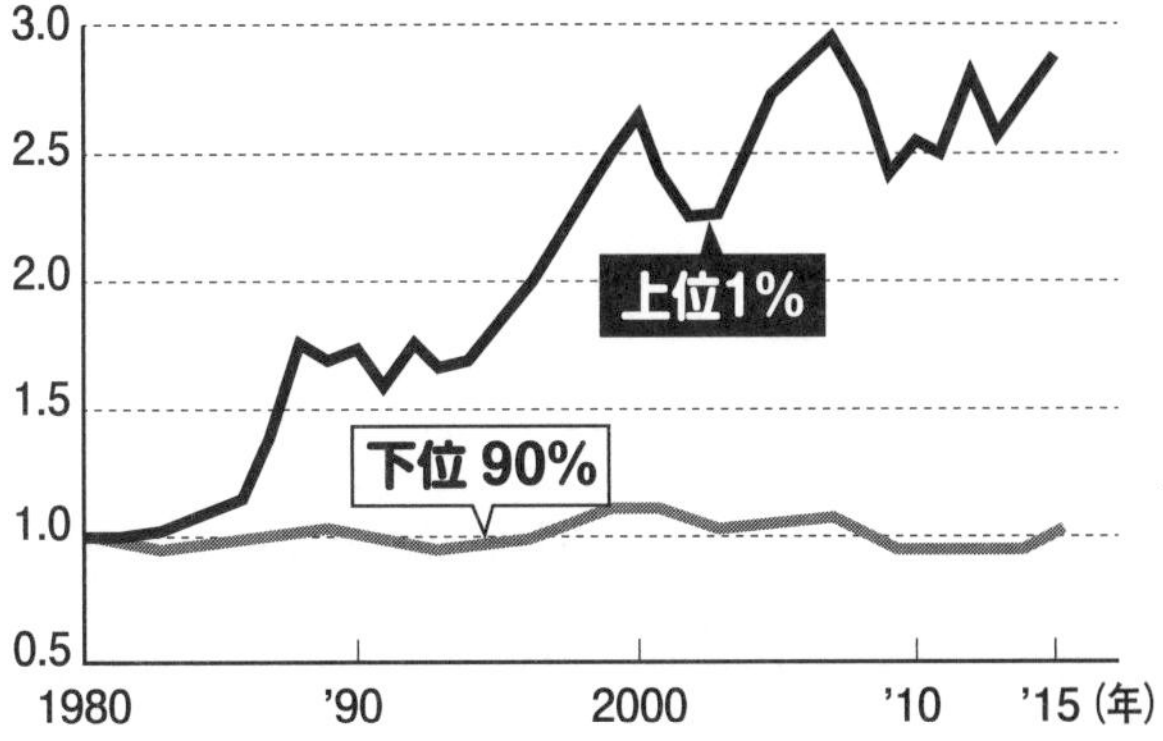

収益率のほうは、ずっと安定して高い数字を保っています。

実際に格差が広がっていることがわかるデータがあります。上に示したのは、アメリカの平均所得の推移をグラフ化したものです。所得上位1%の富裕層が黒の線、所得下位90%の大衆層がグレーの線です。

1980年の平均所得を1とした場合、上位1%の富裕層の平均所得は、こうやってずっと増え続けています。途中、ちょっと下がったりもしていますが、増えています。一方、90%の大衆層は全然増えていません。むしろ、ちょっと下がったりしていることがわかります。

このように、お金持ちとそうでない人の格差は広がっているのです。

◉米経済誌『フォーブス』の世界長者番付

お金持ちといわれる人たちは、実際どのくらいのお金を持っているんでしょうか。それがよくわかる記事が出ました。アメリカの経済誌『フォーブス』が2016年3月に発表した世界長者番付です。

100万ドル以上持っているお金持ちを「ミリオネア」と呼びますが、今はその上に「ビリオネア」と呼ばれる大富豪が大勢います。ビリオン（billion）は10億ですから資産10億ドル以上、日本円で1100億円以上持っているビリオネアは、この時の調査では世界で1810人いると発表されました。

このビリオネアのトップ30を表にしました。そのうち20人がアメリカ人で、トップ10には8人もランクインしています。

世界長者番付 2016 トップ 30

1	ビル・ゲイツ	(61)	約8兆2500億円
2	A・オルテガ	(80)	約7兆3700億円
3	W・バフェット	(86)	約6兆6900億円
4	C・S・ヘル	(76)	約5兆5000億円
5	ジェフ・ベゾス	(52)	約4兆9700億円
6	M・ザッカーバーグ	(32)	約4兆9100億円
7	ラリー・エリソン	(72)	約4兆8000億円
8	M・ブルームバーグ	(74)	約4兆4000億円
9	チャールズ・コーク	(81)	約4兆3600億円
9	デイビッド・コーク	(76)	約4兆3600億円
11	L・ベタンクール	(94)	約3兆9700億円
12	ラリー・ペイジ	(43)	約3兆8700億円
13	セルゲイ・ブリン	(43)	約3兆7800億円
14	B・アルノー	(67)	約3兆7400億円
15	J・ウォルトン	(68)	約3兆7000億円
16	A・ウォルトン	(67)	約3兆5500億円
17	S・R・ウォルトン	(72)	約3兆5100億円
18	王健林	(62)	約3兆1600億円
19	J・P・レマン	(77)	約3兆600億円
20	李嘉誠	(88)	約2兆9800億円
21	B・ハイスター&K・アルブレヒトJr.		約2兆8500億円
22	S・アデルソン	(83)	約2兆7700億円
23	ジョージ・ソロス	(86)	約2兆7400億円
24	フィル・ナイト	(78)	約2兆6800億円
25	D・トムソン	(59)	約2兆6200億円
26	S・バルマー	(60)	約2兆5900億円
27	F・マース・Jr		約2兆5700億円
27	J・マース	(77)	約2兆5700億円
27	ジョン・マース	(81)	約2兆5700億円
30	M・F・フィッソロ	(98)	約2兆4300億円

米経済誌『フォーブス』2016年3月1日発表
1ドル=110円で換算
敬称略

アメリカ長者番付トップ20

順位	氏名（年齢）	資産	増減
1	ビル・ゲイツ(61)	約8兆9100億円	+約6600億円
2	ジェフ・ベゾス(52)	約7兆3700億円	+約2兆4000億円
3	W・バフェット(86)	約7兆2100億円	+約5200億円
4	M・ザッカーバーグ(32)	約6兆1100億円	+約1兆2000億円
5	ラリー・エリソン(72)	約5兆4200億円	+約6200億円
6	M・ブルームバーグ(74)	約4兆9500億円	+約5500億円
7	C・コーク(81)	約4兆6200億円	+約2600億円
7	D・コーク(76)	約4兆6200億円	+約2600億円
9	ラリー・ペイジ(43)	約4兆2400億円	+約3700億円
10	セルゲイ・ブリン(43)	約4兆1300億円	+約3500億円
11	J・ウォルトン(68)	約3兆9200億円	+約2200億円
12	S・R・ウォルトン(72)	約3兆9100億円	+約4000億円
13	A・ウォルトン(67)	約3兆8900億円	+約3400億円
14	S・アデルソン(83)	約3兆5000億円	+約7300億円
15	S・バルマー(60)	約3兆300億円	+約4400億円
16	J・マース(77)	約2兆9700億円	+約4000億円
16	ジョン・マース(81)	約2兆9700億円	+約4000億円
18	P・ナイト(78)ファミリー	約2兆8100億円	+約1300億円
19	ジョージ・ソロス(86)	約2兆7400億円	±0円
20	マイケル・デル(51)	約2兆2000億円	+約200億円

米経済誌『フォーブス』2016年10月4日発表　1ドル=110円で換算　敬称略

さらに、『フォーブス』は16年10月、アメリカ人だけの長者番付を発表しました。そのトップ20を見てみましょう。

3月の発表と顔ぶれはほとんど同じ。ところが、わずか半年ちょっとで驚くほど資産が増えているのです。

1位のビル・ゲイツさんは半年で6600億円の増。6600億円持っているのではなく、6600億円増えている。その結果、総資産は8兆9100億円、あと一息で9兆円というわけです。

◉ビル・ゲイツ～イタリア家族旅行の総費用が51億円

トップ20の人たちを分類してみると、上位で目立つのが「IT系企業の大富豪」です。マイクロソフト、アマゾン、フェイスブック、オラクル、グーグルなど、おなじみの企業ばかりですね。

マイクロソフトの創業者で世界一のお金持ち、ビル・ゲイツさんの自宅は、アメリ

世界一のお金持ち

ビル・ゲイツ氏
(61)

約8兆9100億円

Microsoft

- マイクロソフト創業者
- 自宅の推定価格は約107億円

カ・ワシントン州シアトルの郊外にあります。総工費は推定で約107億円。部屋数は45、バスルームが24部屋あるそうです。さらに、200人入れるレセプションルーム（大広間）があり、セレブを集めてパーティーもできるといわれています。

右のページの下の写真は、2014年に休暇でイタリアへ家族旅行に行ったときにレンタルしたクルーザーです。

大きさは世界最大級でヘリパッド（ヘリコプターの簡易発着場）まで付いています。レンタル料は1週間で約5・5億円。ここからヘリコプターに乗って観光に行くなど大いに休暇を楽しんだそうで、家族旅行にかかった費用の総額は、およそ51億円だったとも伝えられています。

お金持ちにはお金持ちの世界があるということなのでしょう。

◉ジェフ・ベゾス～ポケットマネーで「ワシントン・ポスト」を買収

2位は、オンライン・ショッピングサイト、アマゾンの創業者でCEO（最高経営責

オンライン・ショッピングサイトの創業者

ジェフ・ベゾス氏
(52)

約7兆3700億円

amazon

●アマゾン創業者
●発行部数全米第5位の新聞「ワシントン・ポスト」を買収

任者）のジェフ・ベゾスさんです。資産は約７兆３７００億円。

ベゾスさんは、２０１３年にアメリカの有力紙「ワシントン・ポスト」を約２５０億円で買収しています。アマゾンで買ったのではなく、自分のポケットマネーで買ったと報道され、大きな話題になりました。

現在、彼が「ワシントン・ポスト」の改革を進めていて、ＩＴ企業の創業者らしく、ロボットに記事を書かせるということを始めています。リオデジャネイロ・オリンピックのスポーツの記録に関する記事はロボット、つまりＡＩが書いています。記者はここには要らないという改革をしている、ということです。

4位は、フェイスブックの創業者でCEOのマーク・ザッカーバーグさん。32歳の若さで6兆1100億円の資産を手にしています。

5位のラリー・エリソンさんはオラクルの創業者。オラクルはソフトウェアの会社です。

9位のラリー・ペイジさん、10位のセルゲイ・ブリンさんは、共にグーグルの創業者です。

◉コーク一族〜米共和党を動かす陰の人物

続いて、こんなビリオネアもいます。7位で並んでいる2人のコークさん。11〜13位の3人のウォルトンさん。そして16位で並んでいるマースさん。彼らは「大企業創業者一族系の大富豪」です。

日本ではあまりなじみがないかもしれませんが、アメリカ社会に非常に大きな影響を与えている人たちです。

まず7位のコーク一族ですが、チャールズとデイビッドの2人は創業者の次男と三男です。

コークといっても清涼飲料水ではありません。コーク・インダストリーズという会社です。

アメリカで石油、牛肉、肥料、紙食器、寝具、カーペット、アスファルトなど、ありとあらゆるものを扱っていて、「アメリカ人は毎日、何かしらのコーク社製品を使っている」といわれるほどアメリカ人の生活に欠かせない企業です。

年間の売り上げは約12兆円といわれ、日本にも布団や枕、カーペット用の繊維や生地が輸入されています。

さらに、この一族にはただのお金持ちというだけではない別の一面があります。実は「アメリカの政界を牛耳《ぎゅうじ》る大富豪」と呼ばれ、共和党に巨額の政治献金を行い、共和党を大きく動かす陰の人物といわれているのです。

最近、共和党が急激に右寄りになっているのは、このコーク一族の影響ではないか

アメリカ人の生活に欠かせない企業の一族

チャールズ・コーク氏(81)
約4兆6200億円

デイビッド・コーク氏(76)
約4兆6200億円

コーク一族

- 「コーク・インダストリーズ」の創業者一族
- アメリカの政界を牛耳る大富豪

(米紙マクラッチー・トリビューン提供・ゲッティ＝共同)

世界最大手のスーパーマーケットの創業者一族

J・ウォルトン氏(68)
約3兆9200億円

S・R・ウォルトン氏(72)
約3兆9100億円

A・ウォルトン氏(67)
約3兆8900億円

ウォルトン一族

●小売業世界最大手のスーパー「ウォルマート」の創業者サム・ウォルトン氏の一族

といわれています。

次のウォルトン一族は、小売業世界最大手のスーパーマーケット、ウォルマートの創業者サム・ウォルトンさんの子供たちです。

マース一族のマースは、チョコレートやキャンディのメーカーです。スニッカーズやM&Ms《エムアンドエムズ》を作っていると言えば、わかりますよね。

大富豪の中には、自分が頑張ったというよりは、親が頑張って作り上げたものを相続した人たちも多いのです。

◉ウォーレン・バフェット〜コカ・コーラが大好きな「投資の神様」

次は「投資家の大富豪」です。投資家とは、簡単に言ってしまえば、株式や不動産などを売ったり買ったりして利益を得ている人たちです。ウォーレン・バフェットとジョージ・ソロス。この2人は長者番付の定番の大富豪なのですが、名前を聞いたことはありますか?

3位のウォーレン・バフェットさんは、21歳のときにおよそ200万円から投資を始めて、これだけの財産を築きました。「史上最強の投資家」「投資の神様」と呼ばれています。

彼は若い頃からコカ・コーラが大好きで、こんなに美味しいドリンクを売っている会社はきっと成長するに違いないと考え、まだコカ・コーラの株が非常に安かった頃に大量に買っています。その後、まだ小さかったコカ・コーラの会社は大きく成長しました。

投資に失敗はつきものです。たとえば証券会社が売っている投資信託は、顧客から

資産を増やし続ける投資家

ウォーレン・バフェット氏
(86)

約7兆2100億円

●「史上最強の投資家」
「投資家の神様」などと呼ばれる

お金を集めて運用するものですが、プロが運用していても常に勝ち続けるというわけにはいきません。みんなどこかで失敗するものです。つまり、勝つこともあれば負けることもある。それが投資の世界です。

ところが、ウォーレン・バフェットという人は、どういうわけか資産を増やし続けているのです。この人だけがなぜ勝ち続けるのか、経済学者にも分析できないといわれています。ひたすら勝ち続け、資産を増やし続けて、とうとう世界有数の資産家になりました。

世界の民主化のためにお金を使う投資家

ジョージ・ソロス氏
（86）

約2兆7400億円

●投資家
●“100万円を30年で30億円にした”との逸話も

（ゲッティ＝共同）

◉ジョージ・ソロス〜ウクライナや中国の民主化を支援

ジョージ・ソロスさんは19位。この人に100万円を託したら30年で30億円になったという逸話の持ち主です。

これだけのお金を稼いで彼が何をしているか知っていますか。

21世紀に入り、東ヨーロッパのウクライナで民主化運動が起きました。野党勢力のシンボルカラーがオレンジだったのでオレンジ革命と呼ばれたのですが、この時、みんなが一斉におそろいの旗を掲《かか》げました。誰が用意したのか？　ソロスさんが全部、お金を出して用意したといわれています。

世界の民主化のためにお金を使っている人なんです。今は中国を民主化するために大変なお金を使っているともいわれています。投資家の中にはこういう人もいるのですね。

◉シェルドン・アデルソン〜世界でカジノリゾートを展開

このほか、14位のシェルドン・アデルソンさんは〝カジノ王〟として有名です。アメリカ・ラスベガスにあるホテル、ベネチアンや中国マカオのサンズ・マカオ、シンガポールのマリーナベイ・サンズなどのカジノリゾートを経営しています。3年ほど前、日本でカジノが解禁されたら「1兆円の投資をする用意がある」と発言して話題になりました。

この人は貧しい家庭の出で、わずか12歳で新聞販売の事業を始めてから、ツアー会社、不動産会社、雑誌社など50以上の事業を手掛けたというやり手です。1995年にはコンピューター関連の展示会を約800億円でソフトバンクに売却し、そこで得た資金を投じてカジノ業界で成功していったのです。

●賢いから税金を納めていない!?

ところで、新しくアメリカ大統領に就任したドナルド・トランプさんは、全米のランキングでどのあたりにいるのでしょうか。

よく〝不動産王〟と報道されていますが、2016年10月のランキングによると、意外にも156位。資産は約4100億円で、前年より880億円減ったと発表されました。

もっとも、本人は1兆円以上の資産があると言って、このランキングには抗議したんだとか。

大統領選挙では、中流階級の白人労働者に人気があり、弱い者の味方、貧しい者の味方と言っていましたが、これだけ資産を持っているトランプさん自身は、十分な勝ち組といえますね。

大統領選挙期間中にはこんなニュースがありました。「ニューヨーク・タイムズ」紙（電子版、16年10月1日付）が「ドナルド・トランプ氏の納税記録を見ると、20年近く税金を免れていた可能性がある」と報じたのです。

過去に900億円以上の大損失を計上したので、その分、20年近く、だいたい18年といわれていますが、所得税を払わなくてもいい、つまり合法的に税金を納めていなかったのではないかという記事です。

これには、大統領になろうという人が税金を納めなくていいのかという批判が出ました。

トランプ氏の言い分は、「賢いから税金を納めていない」という突拍子もないものでした。

これだけ納税しないで済む方法を知っているというのは、経営者として優れている証拠だと自慢したのです。

大統領に就任した、不動産王

ドナルド・トランプ氏
（70）

約4100億円

●不動産王
●前年は121位（約880億円減）

●トランプ氏〝税逃れ〟の言い訳

〝税逃れ〟のためには確かに知恵を使っているな、と思わせることはほかにもあります。こんな節税法もニュースになりました。

「トランプ氏の税金をヤギが食べている」

これは「ウォール・ストリート・ジャーナル」紙（電子版）が16年4月20日付で掲げた見出しです。

どういうことかというと、トランプさんはアメリカ・ニュージャージー州（ニューヨーク州の隣）でゴルフ場を経営しています。ゴルフ場だと年間の税金は約8万ドル、日本円でざっと900万円ほどかかります。

ヤギたちに節税してもらう？

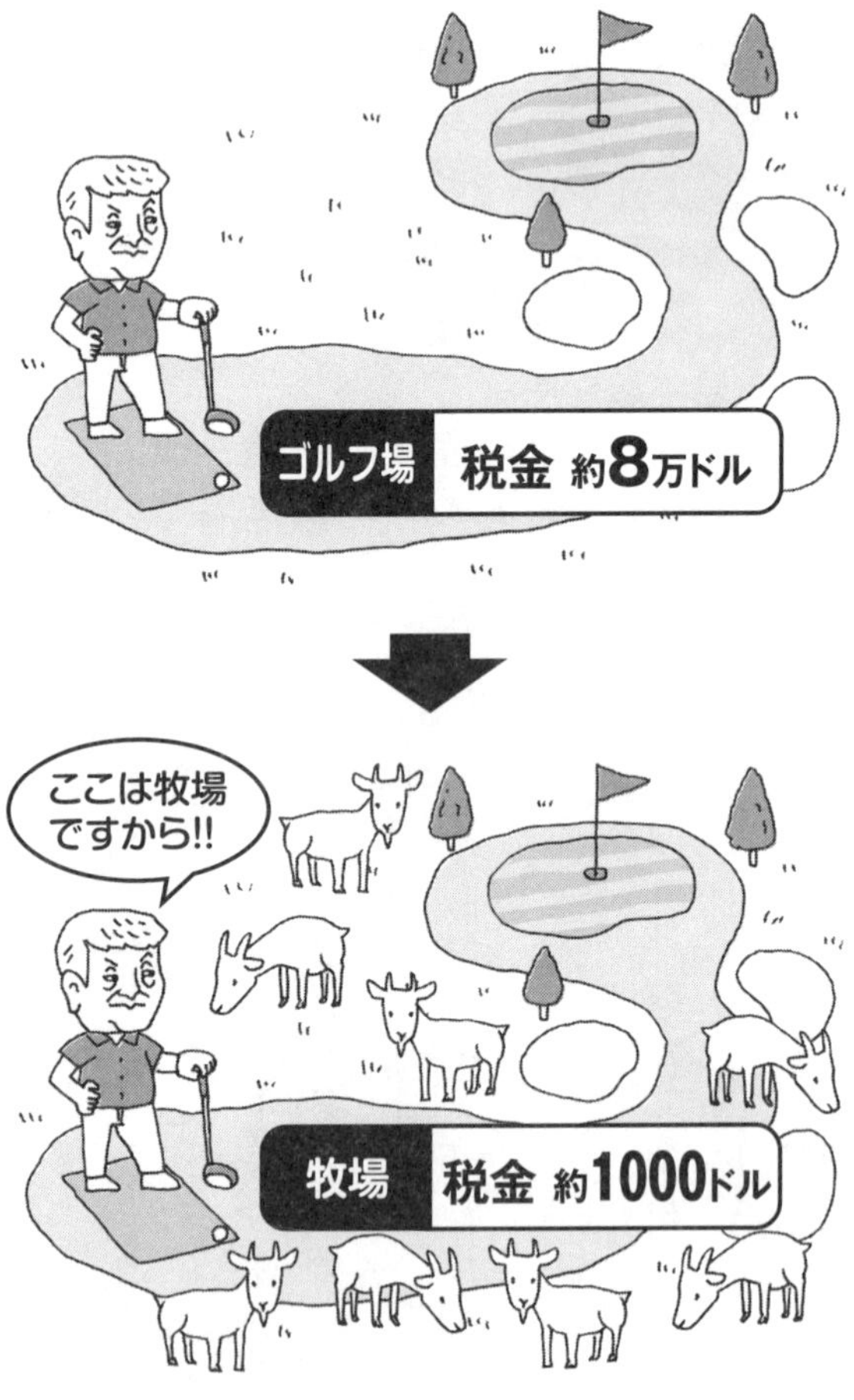

そこでトランプさんはあるところに目をつけました。

ゴルフ場でヤギ8頭を飼い始めたのです。そしてゴルフ場を「牧場」として申請しました。牧場にすれば税金が優遇されます。その額、年間約1000ドル。11万円ぐらいで済んでしまう。こうしてヤギたちに節税してもらっていたというわけです。

トランプさんの政策では、所得税や法人税の大幅減税もうたっていますから、実現すれば本人も相当税金を納めないで済むようになるはずです。「アメリカのためにやるんだ」と言っていますが、結果的に自分の利益にもなるということです。

第4章

ウォール街で知る巨額資産のカラクリ

たった1日で資産が1000億円も増えるってどういうこと? アメリカで格差の頂点に立つ大富豪たちは、一体どうやって財産を増やしているのか。増え続ける資産のカラクリを明らかにするため、世界の金融の中心地、ニューヨーク・ウォール街に乗り込む!

◉ウォール街現地レポート〜今も残る300年以上前の壁《ウォール》の痕跡

ビリオネアといっても、生まれながらの大富豪もいれば、ほとんど何もないところから巨万の富を築いた人もいることがわかりました。長者番付1位のビル・ゲイツさんのように、世界的大ヒット商品を開発したことでアメリカンドリームを手に入れた人もいます。このようにお金持ちになるきっかけは様々ですが、実は大富豪には資産を増やす、ある共通点があるといわれています。

それが株の運用です。

お金持ちの株が運用され、新たな富が生み出されているアメリカの象徴的な場所を取材しました。

＊

向かった先はアメリカ・ニューヨーク。まず世界の金融の中心、ウォール・ストリートにやってきました。日本ではよくウォール街と呼びますね。マンハッタン島の南端にあり、東西に延びる約600メートルの通りです。

富が生み出されているアメリカの象徴的な場所

なぜここがウォール街と呼ばれているのかというと、諸説あるのですが、話は17世紀にさかのぼります。当時、南側にはヨーロッパから入植してきた人たちが住んでいました。北側には先住民がいて、トラブルを避けるために、中間に木の壁、ウォールを作りました。その壁の場所を現在の地図に重ねてみると、ちょうど今のウォール街になります。壁があった場所なので「ウォール街」と呼ぶようになったといわれています。

通りの地面には、何カ所か当時の柱の根元の部分が顔を出しています。わずか20メートルほどですが、300年以上前

世界の金融の中心、ウォール街

の痕跡《こんせき》が今でも残っているのです。

◉ニューヨーク証券取引所上場は一流企業の証

ウォール街の象徴といえば、ニューヨーク証券取引所。建物の前面には特大のアメリカの国旗が掲げられていることが多いのですが、私が取材した日は、その日に上場した会社の旗が掲げられていました。

たとえば、２０１５年10月にはイタリアの自動車会社、フェラーリ社が上場しました。その時はフェラーリの旗がありましたし、２０１６年7月、ＬＩＮＥ社が上場したときは、ＬＩＮＥの旗が掲げられて、ＬＩＮＥのキャラクターたちがパフォーマンスを行いました。

ニューヨーク証券取引所は、世界の中でも上場の審査が非常に厳しいことで知られています。ここに上場できるということは、世界の一流企業として認められたということです。それだけ世界経済に大きな影響力を持っているのです。

もちろん、世界のお金持ちたちが持っている株も、この証券取引所に上場されています。それらは日々、値動きがあり、彼らも儲かったり損をしたりの繰り返しです。そういうお金持ちたちの日々の資産の増減の様子をチェックしている会社が、ここニューヨークにあるというので行ってみました。

◉世界の金融情報を発信するブルームバーグ社

私が訪ねたのはウォール街の北、セントラルパークの近くにあるブルームバーグ社です。ブルームバーグと聞くと、日本でも金融に詳しい方はご存じだと思いますが、多くの人が思い浮かべるのはマイケル・ブルームバーグさんではないでしょうか。2001年9月のアメリカ同時多発テロの翌年、2002年1月1日から2013年12月31日まで、3期12年にわたってニューヨーク市長を務めたとても人気のある人です。

彼はもともと金融情報会社**ブルームバーグ社***の創業者であり、前章で取り上げた全米長者番付（2016年トップ20）でも第6位に入る大富豪です。

前ニューヨーク市長は、ブルームバーグ社の創業者

前ニューヨーク市長
マイケル・ブルームバーグ氏
（任期 2002年1月～2013年12月）

（UPI＝共同）

＊**ブルームバーグ社**＝株式・債券、金、銀、原油などの取引価格から、金融取引に欠かせない経済ニュースなど、あらゆる金融関連情報をネットや放送を通じて世界中に配信する会社。１９８１年の設立。

この会社の中に、世界の億万長者の資産の移り変わりを毎日チェックしている人物がいます。今回、特別な許可をもらい、ブルームバーグ本社の中へ入ることができました。

エントランスホールには、コーヒーや

ジュースからバナナ、スナック類まですべて無料のスタンドがあります。その先には電光掲示板があり、最新のさまざまな経済情報、たとえば銀の価格が少し上がっている、金の価格もプラスに転じているといった情報や株価の情報などが次々に表示されています。これを見ると、確かに金融情報会社なんだなということがわかります。

さらに中を進んで、お目当ての人物がいるフロアへ来ました。手前からファイナンス（金融）の部署、次がペイ・エンダウ（Pay/Endow）の部署です。ペイ・エンダウは、世界中の企業が社員にどれだけ給料を払っているか、あるいは大学などの教育機関にどれだけ寄付しているか、そういうことを調べるところです。

◉億万長者の資産の増減をチェック

そして次がビリオネアーズの部署です。世界の億万長者がどれだけ資産を持っているかということを、ここで調べています。

パソコンが何台も並んでいるデスクの前で責任者のロバート・ラフランコさんに話

を聞きました。

池上「これは何の画面なんでしょうか」

ロバート「これは全世界の株式市場の動向です。リアルタイムで動くので、大きな変化がないか確認しています」

池上「今日の動きは？」

ロバート「今日はダメだ。赤字ばかり。市場の動きが良くないよ」

ロバートさんは、世界の金融の動きを見ながら億万長者の資産の動きをチェックしていました。

池上「世界の億万長者の資産を調べていると聞いたんですが、その画面を見せていただけますか」

ロバート「これが『ブルームバーグ・ビリオネアーズ』です。毎日ニューヨーク市場

ビリオネアーズの部署

「ブルームバーグ・ビリオネアーズ」編集者
ロバート・ラフランコさん

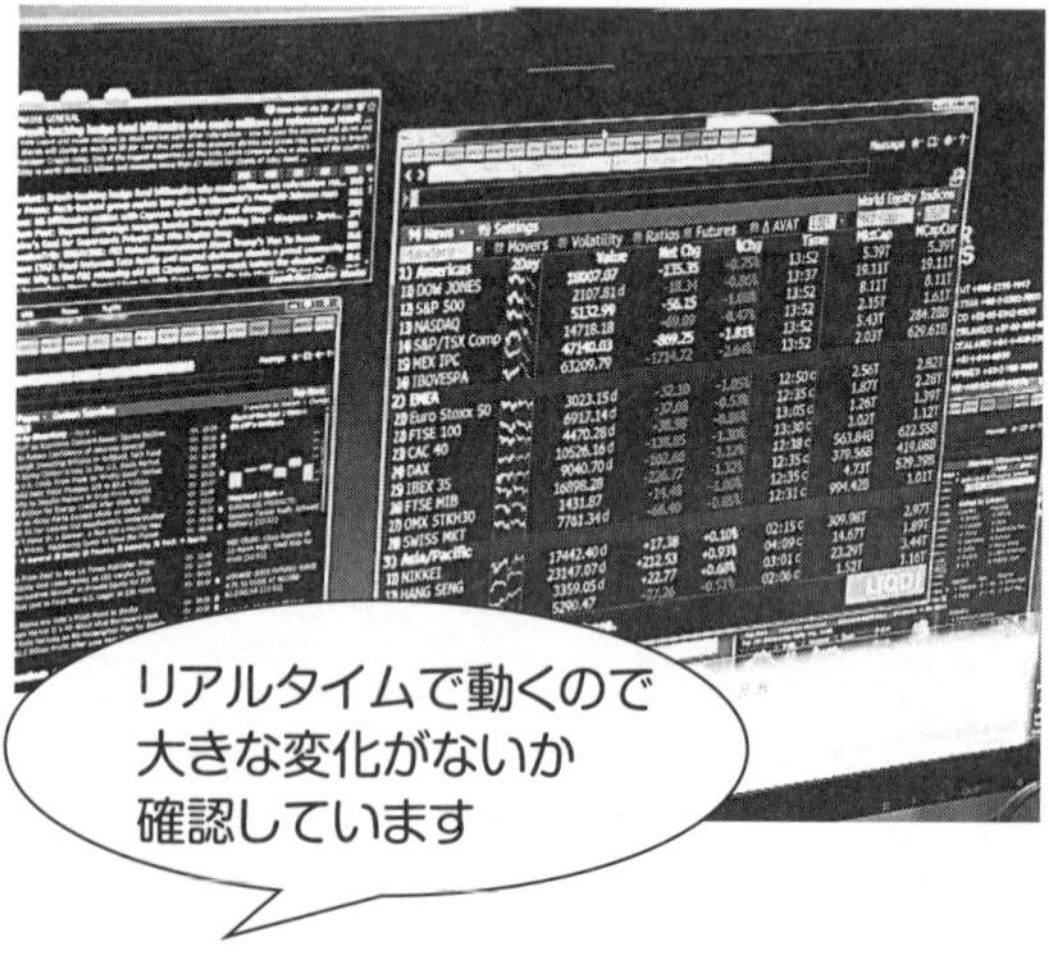
リアルタイムで動くので大きな変化がないか確認しています

ブルームバーグ・ビリオネアーズ

が終了した後、億万長者の情報を更新します」

上に載せたのは、世界の億万長者の資産をチェックできるブルームバーグのホームページです。トップ200人の資産のランキングが公開されており、誰でも見ることができます。

取材した日のトップ3はビル・ゲイツ、A・オルテガ、ジェフ・ベゾスの各氏でした。この日は大統領選投票日の8日前(10月31日)。**クリントン候補のメール問題***でトランプ候補が有利と一部報道があった直後です。

取材した日のトップ3

（取材時 1ドル＝100円で換算）

＊クリントン候補のメール問題＝クリントン氏が国務長官だった時期（09〜13年）に、公務に私用メールアドレスを使っていたことが15年3月に発覚。機密情報が漏れる恐れがあったとして米連邦捜査局（ＦＢＩ）が捜査を行った。ＦＢＩは16年7月、クリントン氏を訴追しないと決定したが、10月28日になって、この問題と関係する新たなメールが見つかったとして捜査の再開を発表。クリントン候補敗北の一因になったとされる。

たった1日でも、ビリオネアの資産の増減は激しい

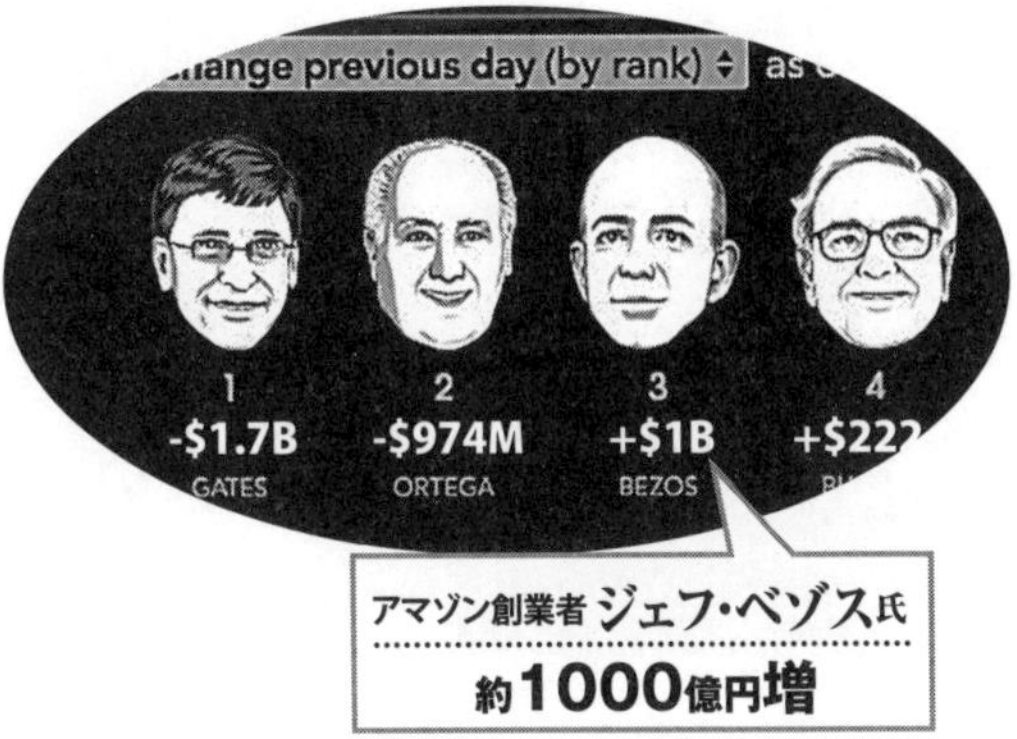

（取材時 1ドル=100円で換算）

ホームページの画面で赤色の字は資産が減ったことを表し、緑色の字は資産が増えたことを表しています。

トップ200人の数字を見ると、株価が随分下がった後なので、赤い字になっている人が多いようです。1位のビル・ゲイツ氏は、昨日1日で1・7ビリオン（ドル）のマイナス、つまり約1700億円（取材時、1ドル=100円で換算）の資産を失いました。資産の総額が多いと1日の増減もまた激しいですね。

逆に、3位のアマゾンの創業者、ジェフ・ベゾス氏は、1日で1ビリオン（ドル）、つまり約1000億円（同）増えて

独自の情報網を使って分析

いることがわかります。

多い日には、たった1人で4000億〜5000億円（同）も動きがあるそうです。一体どんなデータをもとに算出しているのか聞いてみました。

それによると、まず、それぞれのお金持ちがどんな資産を持っているか、株がどれくらい、債券がどれくらい、現金がどれくらいという保有資産の構成について分析します。持っている会社の株に関しては、常に上がり下がりしています。ドルに対していくら、場合によっては円に対していくらということも含めて、常に価格が変動しているので、それによって資産総額のランキングの変化にもつながっていくということです。

このように、ブルームバーグは公開されている株、不動産、現金、さらに独自の情報網を使って億万長者の資産を日々分析しています。

◉トランプ氏の資産の動きは？

では、なぜこのような億万長者のランキングを作っているのでしょうか。

ロバート「ブルームバーグの使命の一つは、資本主義のありのままを記録することです。彼らは富のピラミッドの頂点にいる成功者です。この地球上でもっとも裕福な事業者ですよ。資本主義の姿を記録するためには、世界で最も裕福な人々のことを詳細に報じていく必要があります」

ここで気になる質問を一つ。

池上「ドナルド・トランプ氏はどうですか？」
ロバート「ドナルド・トランプ（笑）。彼は分析が難しいんだ」

契約者専用の個人プロフィール画面を見せてくれました。そこにはトランプ氏がどんな資産を持っているかが円グラフで出ています。たとえばゴルフ場とリゾート地の資産がいくらあるか、5番街のトランプタワーはこれだけ、といった情報が全部出てきます。

ちなみにトランプ氏は、ブルームバーグのランキングでは、世界の500位にも入らず、ランク外です。大統領選挙後には経歴の欄に「第45代アメリカ大統領に選出」と加えられました。

このように、ブルームバーグのデータには、個人資産の内訳のほか、取り引きのある関係者、民主党や共和党への政治献金など、あらゆる資産の動きが独自の分析で掲載されています。

◉保有する自社株が好調な創業者たち

さまざまなデータを見ていく中で、私が注目したのは億万長者の株の持ち方です。典型的なのがアマゾン創業者のジェフ・ベゾスさんです。資産の構成を見てください（98ページ上）。円グラフの圧倒的部分をアマゾンの株が占めています。

2016年、ネット通販の大手、アマゾンの株価は絶好調でした。ベゾス氏が1日でおよそ1000億円増えたのは、資産の90％以上を占めるアマゾン株のおかげなのです。

そもそも本人がお金を出して会社をつくったわけですから、その株価が上がっていけば、それがみんな丸々自分の資産になります。ザラ創業者の**オルテガ***氏にしても、フェイスブック創業者・CEOのザッカーバーグ氏にしても、ほとんどの財産は株で形成されていることがわかります。

***オルテガ**＝1936年生まれのスペインの実業家。ザラ1号店の開業は75年。そ

株の持ち方に注目

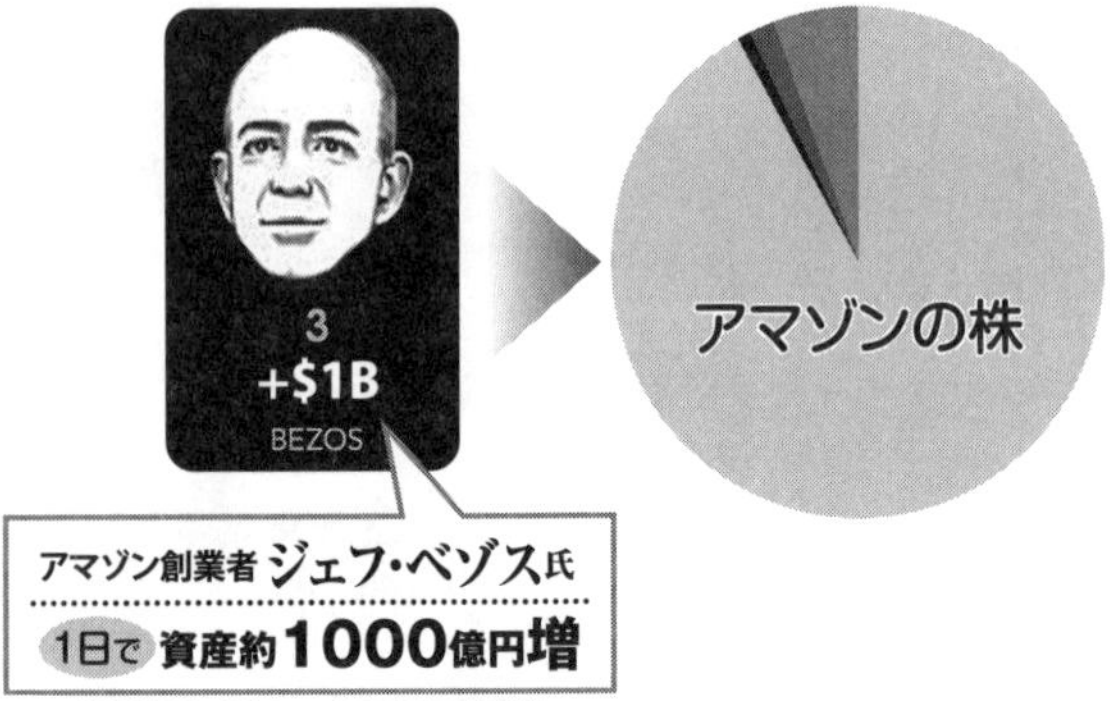

(取材時 1ドル=100円で換算)

の後、ファストファッションのブランド「ZARA」をワールドワイドに展開し、巨万の富を得る。『フォーブス』の2016年世界長者番付で2位。

このように、一代で資産を築いた多くの億万長者は、自社株を大量に持ち、会社の成長に伴って莫大な資産を持ち続けることができるわけです。

億万長者を研究するロバートさんは、彼らには共通する三つのカギがあるといいます。

ロバート「この中には、昼まで寝て夜もさっさと寝る人は1人もいません。みんな四六時中働いています。資産を相続した人は別ですが、自ら資産を築いた人には三つのカギがあります。それは努力、情熱、責任感です」

でも、そうやっている人は世の中に大勢いますよね。だからといって億万長者になれるわけではないけれど、億万長者になった人はみんなそういうことをやっていると

アメリカの貧困者数の推移

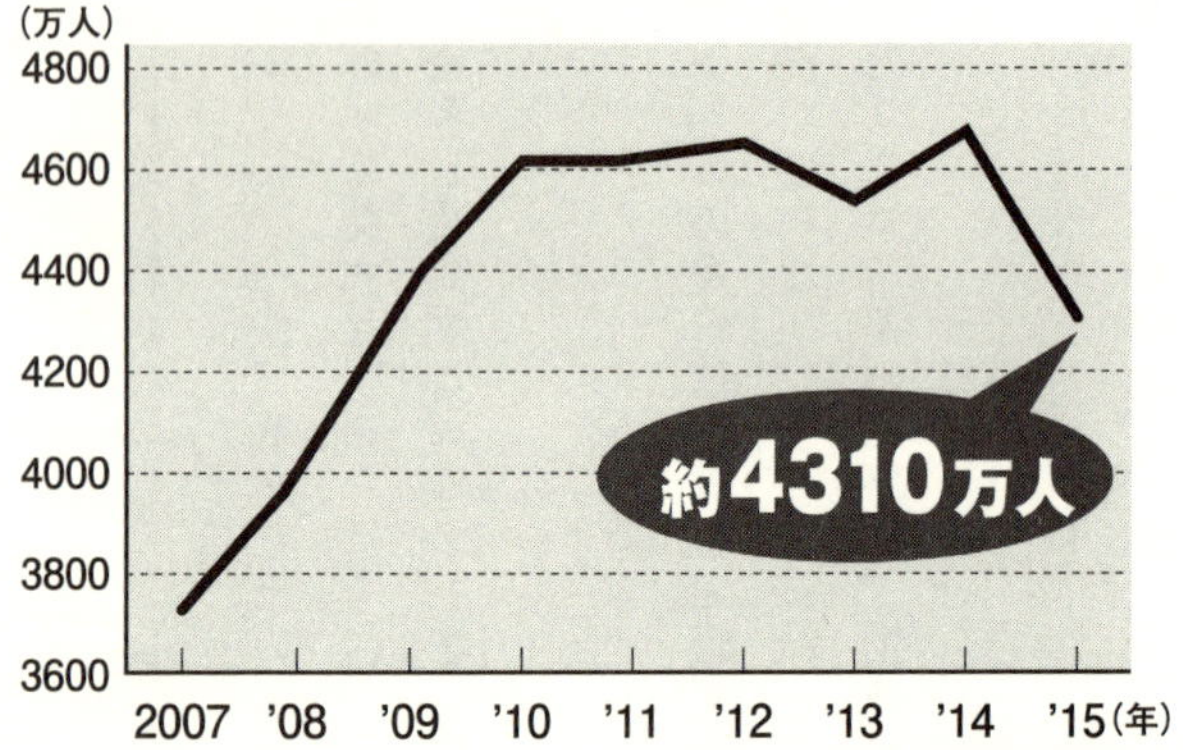

(米・国勢調査局調べ)

いうことです。

あとで彼に、「毎日こんな億万長者の資産を見ていて虚《むな》しくないですか」と聞いたところ、「単なる数字だよ」と笑っていました。

第3章、第4章とアメリカの大富豪についていろいろ見てきました。現在、アメリカの格差はこうなっています（上のグラフ）。

アメリカの国勢調査局の報告では、貧困者数は約4310万人です。オバマ前大統領の経済政策によって雇用が回復し、所得の中央値が少し上がったため人数は減っているのですが、それでも人口のおよそ13・5％が貧困層にあたります。
これもまたアメリカの現実なのです。

第5章

グローバリゼーションの闇

消費者が喜ぶ安売り競争。しかしそれが格差を招いているとしたら……。安さの背景に見えてくるグローバリゼーションの光と影。アメリカの大型スーパーマーケットが進出した街では何が起こった？ 世界の下請け工場となっている中国の現状は？ 反グローバリゼーションを唱えて当選したトランプ氏の動向にも注目したい。

◉安売り競争が格差を引き起こす

お金持ちがよりお金持ちになっていく理由がわかったところで、次に考えたいのは、どうしてここまで格差が広がってしまったのかという問題です。

研究機関や学者によってさまざまな理由が語られていますが、私たちの身近なところでもその理由の一つを知ることができます。

あなたがスーパーマーケットに買い物に行ったとしましょう。どうせ買うなら安い商品を買いたいですよね。品質を落とさないで、できるだけ安いものを買いたいというのが消費者心理です。ここから、実はこんなことが言えるのです。

「安売り競争が格差を引き起こす」

〝安いものが欲しいよね〟という消費者がいて、それに応えようという企業が安さを追求することによって格差を引き起こしている。消費者が喜ぶ安売り競争が格差を招いているのです。

意外に感じる人がいるかもしれません。106ページの図を見てください。例とし

格差の理由の一つ

安売り競争が格差を引き起こす

てTシャツの製造・販売を挙げました。

アメリカ国内で生産すると売値が10ドルになるTシャツも、人件費の安い海外の工場で生産すればコストを下げることができるため、価格は一気に安くなります。このように、国の枠を飛び越えて生産の効率化を図る動きは「グローバリゼーション」の一環です。しかし、このグローバリゼーションによって、アメリカ国内に格差が生まれてしまうのです。

労働力を人件費の安い海外に求めた企業は、安いTシャツが売れて大儲けします。一方、アメリカ国内で作り続けた会社は、価格競争に負けて売り上げが落ち、

グローバリゼーションによって生まれる格差

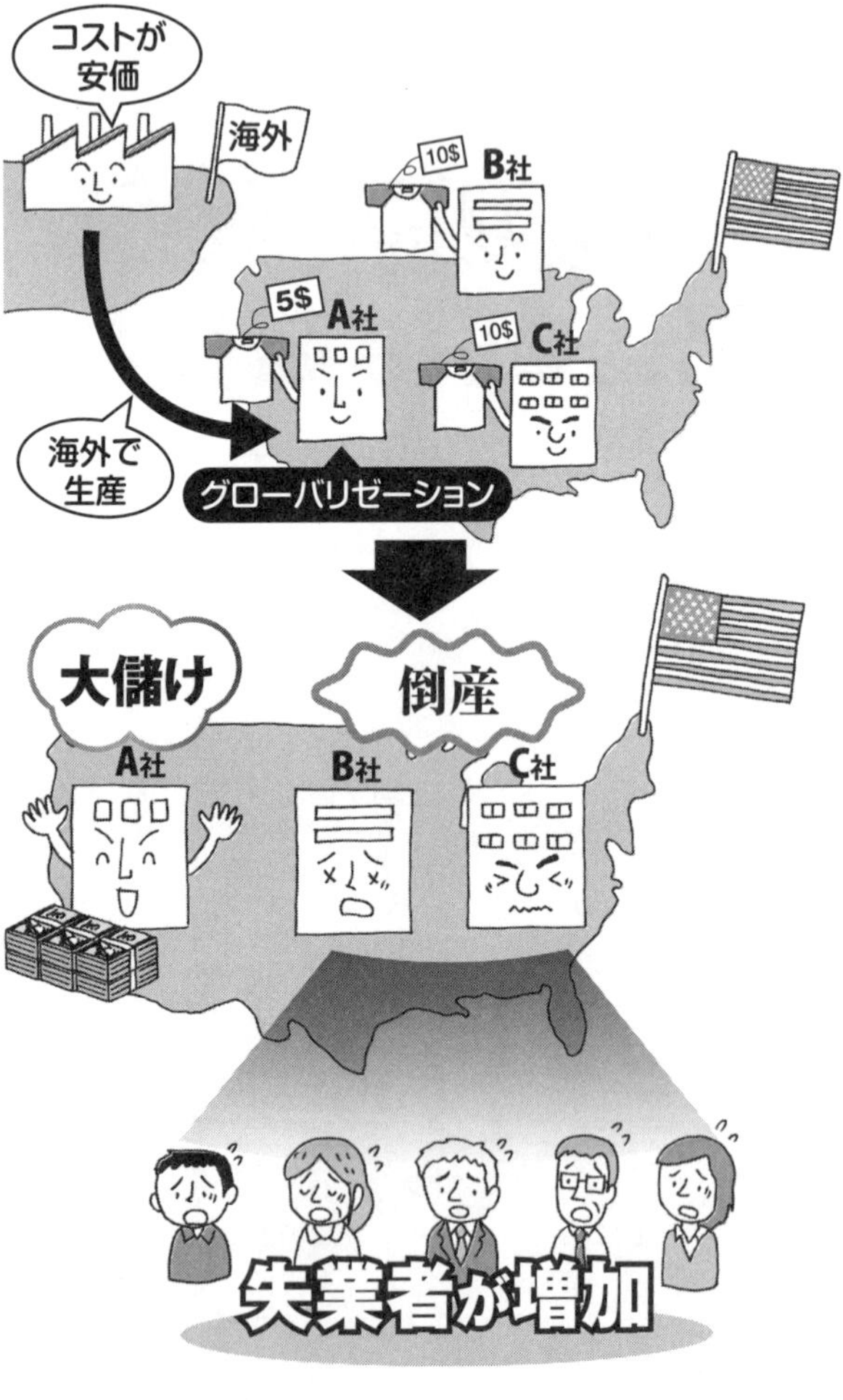

最悪の場合は倒産することも考えられます。その結果、アメリカ国内に失業者が増えてしまい、貧富の差が広がることになります。

最近のアメリカでは、グローバリゼーションによってさまざまな商品の値下げ競争が起きています。それによって人々の生活が助かっている面もある一方で、貧しい人が増えて格差が広がってしまうというマイナス面も目立ってきました。

◉きっかけは東西冷戦の終結だった

いいところもあるけれども、結果的に格差を広げてしまうグローバリゼーション。このグローバリゼーションが一気に広まったきっかけは、東西冷戦の終結です。

第二次世界大戦後、世界はアメリカを中心とする資本主義の西側諸国と、ソ連（現ロシア）を中心とする社会主義の東側諸国に分かれて鋭く対立しました。西側諸国、東側諸国というのは、日本が真ん中の地図ではよくわかりませんが、ヨーロッパ中心の地図で見れば、アメリカが西、ソ連が東にくるので、その意味がはっきりします。

アメリカとソ連は直接、戦争することはありませんでした。でも、いつ戦争が起きるかわからないという緊張状態が何十年にもわたって続きました。これが「冷たい戦争」、すなわち冷戦です。

その冷戦が終わったのが1989年です。世界的に民主化が進み、特に東ヨーロッパの国々が資本主義の側にどっと入ってきました。その結果、労働賃金が安いそれらの国々に、先進国の企業が生産拠点を移していく動きが広まりました。

企業が進出したのは東ヨーロッパだけではありません。中国もそうです。中国は、ソ連とは仲が良くなかったのですが、ソ連と同じように社会主義を掲げていました。ところが、冷戦が終わると、社会主義は捨てないけれども、先進国の企業を積極的に誘致するという方針を打ち出しました。

これにより中国に進出した企業は安くモノを作ることができ、中国から安い製品が世界中に出て行くようになります。中国は「世界の工場」と呼ばれるようになりました。こうしてグローバリゼーションが広まっていったのです。

実は東西冷戦は、格差を広げないための歯止めになっていたという見方があります。

世界は西側と東側に分かれていた

（ロイター＝共同）

（1989年 冷戦終結前）

東西冷戦時代、西側の資本主義国の中でも**社会主義***の社会をつくろうという運動が盛んに起きていました。そんなときに格差が広がってしまったら、国民に不満がたまって社会主義革命が起きてしまうかもしれない。自分たちの国がひっくり返されてしまうんじゃないかという危機感を持った人たちが、格差が広がらないように社会保障を充実させて、少しでも格差を減らそうと努力してきました。つまり、東西冷戦が格差の拡大を抑える歯止めの役割を果たしていたのです。

***社会主義**＝貧富の差や不平等の原因を私有財産制に求め、私有財産制の廃止と生産手段（機械、道具、土地など）の公有により平等な社会を実現しようという考え方。市場経済を否定し、生産、流通、分配などを国の統制の下で行う計画経済に重きを置く。

ところが、東西冷戦は終わり、資本主義が勝利を収めました。もう社会主義にはならないぞということになると、資本主義国は恐れるものがなくなって、「もっと金儲けをしよう。格差が広がったってかまわないじゃないか」という動きが広がっていきました。

◉ウォルマートがやってきた街

グローバリゼーションによって拡大するアメリカの格差。それを象徴するといわれている場所の一つが、大型スーパーマーケットのウォルマートです。

スーパーマーケットの目玉と言えば、安売りデーや特売日ですが、ウォルマートは「エブリデー・ロー・プライス」（毎日安く）をスローガンに掲げる売上高世界一のスーパーマーケットです。

店で取り扱う商品は、主に海外から安値で仕入れた食品や日用品、子供のおもちゃ、電気製品など12万種類以上。ここに行けば何でも揃《そろ》い、それこそ結婚相手以外は何でも手に入るといわれるほど、ありとあらゆるものを売っています。

ウォルマートを創業したのはサム・ウォルトン氏。全米長者番付に載っていたウォ

街で最も安いものを売っているウォルマート

ルトン一族のお父さんです。

現在はウォルマート・スーパーセンターという大型店舗だけでもアメリカ国内に3500以上あり、これに小型店を加えると5000を超えるといわれています。

この巨大スーパー、ウォルマートがやってきた街ではどんなことが起きたのか？ドキュメンタリー映画（「ウォルマート」Brave New Films、2005年アメリカ公開）の中でその様子が描かれています。

映画では、開業して40年、それまで繁盛していたという金物店のオーナーが、ウォルマートができて多くの商店がつぶれてしまったと嘆いていました。

さらに深刻なのがウォルマートで働く従業員の証言です。勤続6年でウォルマートの仕事にプライドを持っていたという女性は、人手不足のため休日も出勤していました。ところが会社側は、人件費を抑えるためにスタッフを増やさず、タダ働きのサービス残業を押しつけていたというのです。

その結果、彼女は働いて収入があるのに保育園代などの支払いが追いつかず、買い物はウォルマートに頼っていました。

従業員の抗議が続く

ウォルマートの株主総会で労働条件の改善を求めた
2016年6月6日付　米「ブルームバーグBNA」より

ウォルマートの抗議参加者時給15ドル（約1650円）の最低賃金を要求
2016年11月25日付　米・ローカルニュースサイト「NJ.com」より

生活をしていくためには、街で最も安いものを売っているウォルマートで買い物をすることになるといいます。

このドキュメンタリー映画によると、結局、お金はウォルマートばかりに集まり、儲かるのは会社だけというわけです。

ウォルマートは2016年2月、従業員120万人を対象に賃金アップを行いました。しかし、その後も労働条件の改善を訴える従業員の抗議が続いています。

こうした批判がある一方、実はウォルマートは雇用者数が世界一です。従業員を大勢雇っているのもウォルマートなので、ウォルマートがなくなると、働く場所がなくなって失業者がもっと増えるのではないかといわれています。ウォルマートがアメリカの雇用を支えているという部分もまたあるのです。

これまで、ウォルマートが出てきたら大変だということで、ウォルマートの出店を拒否する反対運動が起こり、実際に出店できなかった地域もありますが、逆に地域の活性化のために、ウォルマートに来てほしいと誘致をする地域もあります。

以上、アメリカのウォルマートを例に考えてみました。安さを追求していった結果、グローバリゼーションによって格差も広がっていくという現状をおわかりいただけたと思います。

◉中国縫製工場の過酷な実態

グローバリゼーションによる安売り競争で気になるのは、その安売りを実現するために下請けになっている途上国です。先進国の下請けとしてとりわけ多くの工場を持つのが中国です。

中国第3の都市、広州市

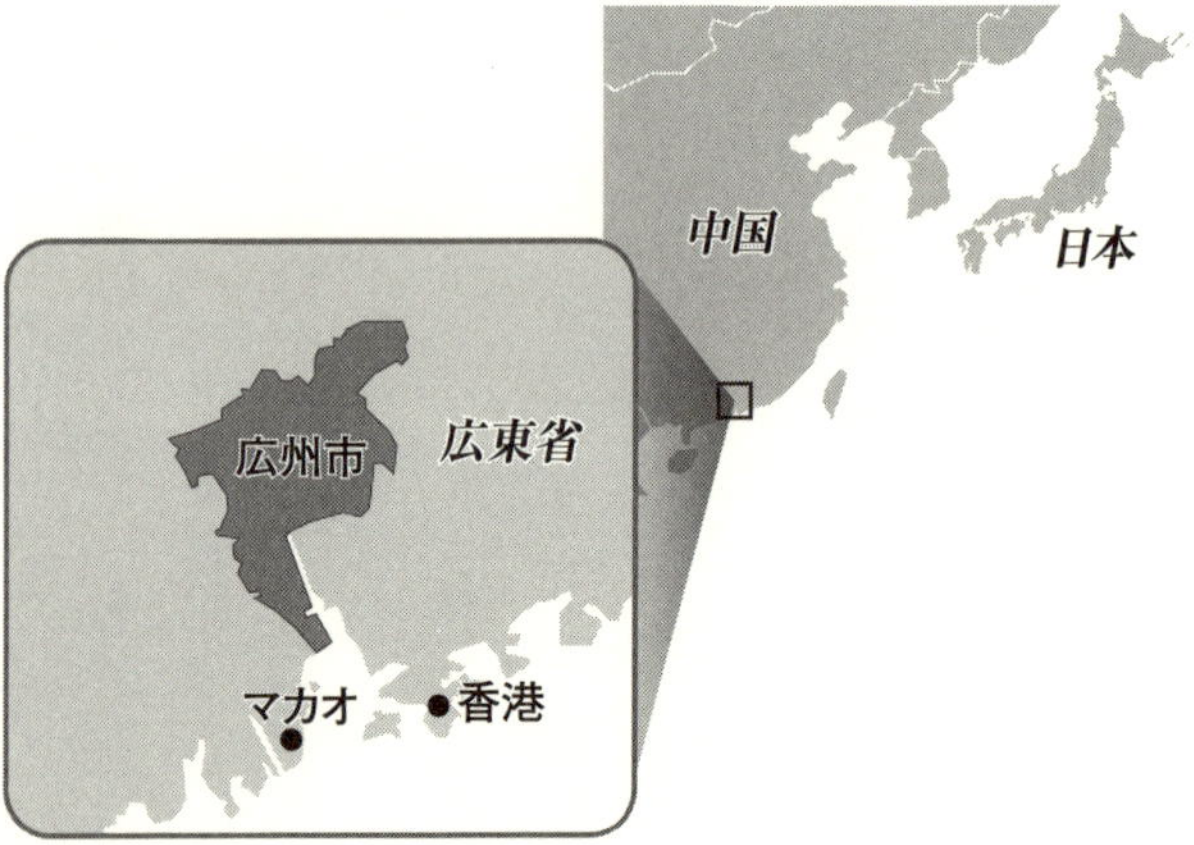

中国の工場ではどんなことが起きているのか、番組ではその模様を取材したVTRを入手しました。

取材地は中国第3の都市、広東省《カントン》広《こう》州《しゅう》市です。街の中心部から車で15分の海珠区《かいしゅく》龍潭村《りゅうたんそん》地区には、外国企業の下請けになっている服飾関係の工場がたくさん集まっています。

カメラが入ったのは、アメリカ、イギリス、フランスの服飾ブランドのドレスを作っている工場。従業員は約60人で、そのほとんどが地方から来た出稼ぎ労働者です。高い給料を求めて地方から広州に働きに来た人たちですが、どんな環境

広州で働く人々の環境

海珠区《かいしゅく》 龍潭村《りゅうたんそん》

米・英・仏の服飾ブランドの
ドレスを作る工場

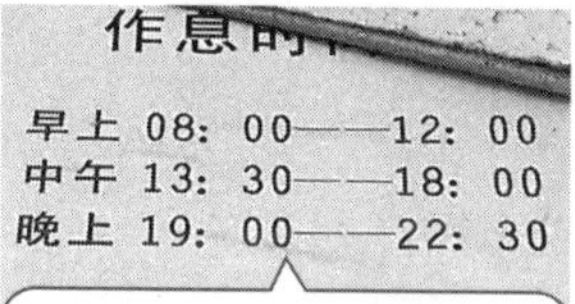

午前 08:00 —12:00（4時間）
午後 13:30 —18:00（4時間30分）
夜間 19:00 —22:30（3時間30分）

実働時間12時間

1着のドレス→1人で担当

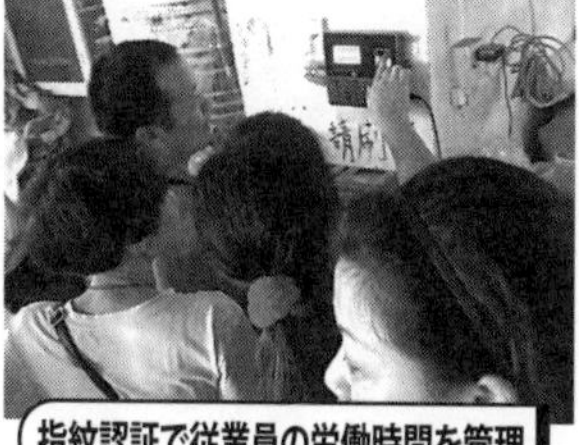

指紋認証で従業員の労働時間を管理

で働いているかというと、まず驚くのは労働時間です。

壁に勤務時間表が貼ってありました。朝は8時から始まって4時間。1時間半の昼休みをはさんで午後は4時間半。さらに夕方の休憩後、夜間勤務が午後10時半までの3時間半。合計すると実働時間は12時間に及びます。

その勤務時間中、工場内のあちこちに監視カメラがあって、これできちんと働いているかどうかチェックされるのです。

さらに、勤務時間の管理は、従業員一人ひとりの指紋が登録された機械に各自が指をかざすことで行っています。いわゆるタイムカードですが、代わりに誰かにタイムカードを押してもらうという不正行為はできない仕組みです。労働時間がきっちり管理されていることがわかります。

女性従業員の話では、休日はひと月にたった2日なんだそうです。不満はないのでしょうか。

女性「この業界にずっといるからもう慣れたわ。とりあえず働いた分はお金になるし、

ベテランでも厳しい収入の実態

歩合給 一着 約160〜240円

経験の浅い人 月収	ベテラン 月収
約5万3760円 〈1日約1920円×28日〉	約10万7520円 〈1着約240円×16着×28日〉

広州市平均月収▶約10万8000円
（広州市統計局より）

頑張ればお金が稼げるから」

では、実際どれだけ稼げるのか。この工場では、1着のドレスの縫製《ほうせい》は分業ではなく、すべて従業員1人で行います。給与体系が1着縫《ぬ》っていくらの歩合給だからです。

個人の技術の優劣によって作るドレスの難易度が変わり、もらえる給料も変わります。簡単なもので1着約160円。難しいものでも1着約240円です。1日で作れる数は12着前後ということなので、経験が浅い人の場合、時給160円として1日働いて1920円。1カ月に休みは2日ですから、28日間として月収は5万4000円ほどです。これは広州市の平均月収約10万8000円（広州市統計局）の半分にしかなりません。

この工場では、10年以上のキャリアがあるベテランが、難易度が高く歩合の高い1着240円のドレスを1日16着以上必死で縫い続けて、やっと広州市の平均月収に届くのです。

●「社長が決めたことが法律」という職場

次は仕事以外の時間の過ごし方です。昼休みになると彼らは、工場から5分ほど歩いたところにある食堂に向かいます。昼食と夕食は、ここで食べれば食費は会社持ちになります。タダだから文句は言えないのでしょうが、おかずはしょっちゅう同じものが出て、お代わりもほとんどないそうです。それでも2食分の食費が浮くのは大きいですよね。

VTRには厨房《ちゅうぼう》の様子も映っていました。社員60人分の食事は年配の男女2人で作っています。途中、ちょっとショッキングな場面が出てきました。女性が洗い物を始めた場所というのが、実はトイレだったのです。衛生状態は良くありませんね。

食堂の上、2階から5階までが従業員寮になっています。家賃はかかりませんが、エレベーターはなく、トイレ兼シャワー室は共同です。雨が降ると雨漏りしてしまうこの寮に、現在40人が暮らしています。

単身の男性たちの4人部屋もありました。日本の6畳間ぐらいの部屋に2段ベッドが四つ。上の段は荷物置き場、下の段が彼らの唯一のプライベートスペースなのだそうです。

それでも、食費と家賃まで会社が負担してくれる工場は、この地区でも少なく、優遇されている方だということです。

従業員の声を聞いてみましょう。

男性「毎月、6万4000円以上、妻と両親に仕送りしているよ。貯金もできない。豊かになるなんて不可能だよ」

こう話すのは、41歳の四川《しせん》省出身の男性。故郷に子供と妻、両親を置いて出稼ぎに来て、月に8万円ほど稼いでいるとのこと。
同じ四川省出身の女性は、26歳でキャリア10年、月収約10万円のベテランです。故郷に娘を置いて、出稼ぎに来ています。

女性「この工場は、労働時間が長すぎる。だって12時間よ。国のルールなんて、ここでは関係ないわ。社長が決めたことが法律よ」

健康で働けているうちは、まだマシだといいます。30代で江西《こうせい》省出身、夫婦で働くこの男性は、体を壊したときのつらさを訴えます。

男性「服飾の仕事場は、ほこりが飛び交って空気が悪いんだ。体によくないし、呼吸器官がやられてしょっちゅう風邪をひくんだよ。でも忙しいから、自分で薬を買ってきて治すんだ。1週間もすれば治る。みんなそうやって休まず働くんだ」

この工場では、賃金が歩合給のため、働かなければ給料はもらえません。休めば休むだけ生活が厳しくなります。彼らが生活していくためには、少々体を壊しても休まず働かなければならないのです。

◉給料を上げれば、価格が上がって会社はつぶれる！

彼らの話を聞いて、「もう少し何とかならないのか」と思った人もいるでしょう。でも、経営者が個人的な善意で「給料を高くしてあげるよ」と言うと、その分コストが高くなるので、競争の中では負けてしまうかもしれません。自分の会社がつぶれないようにするためには、低賃金でやっていかなければいけないという部分もあるわけです。

今の中国は、経済が発展するにつれて全体としては人件費が高くなり始めています。

そのため、世界の工場、つまり先進国の下請け工場が、中国からベトナム、カンボジア、ミャンマー、バングラデシュに移りつつあります。中国の工場としては移転されては困るので、中国に引き留めようとする。すると、ベトナム以下の国々との競争に負けないように価格を安くしなければならず、仕事はあるけれども、労働条件は劣悪、賃金も安いという悲惨なことになってしまいます。

こういう状況がいつまで続くのかということですが、今のところ、バングラデシュが最後といわれているので、バングラデシュに世界の工場が移って、そこで人手不足が起きれば、少しは賃金が上がっていくかもしれません。

格差を生み出す原因はさまざまあって、グローバリゼーションはあくまでその一例ですが、「安いものが欲しい」という人々の欲望、そして「安く作らせて儲けよう」という企業の欲望が、結果的に大きな格差を生む原因になっているということが、これで見えてきたのではないでしょうか。

◉反グローバリゼーションを掲げるトランプ氏

格差を拡大する一因となっているグローバリゼーションに異議を唱えたのが、アメリカの新大統領、トランプ氏です。

大統領選の最中の6月、こんなことを言っていました。

「政治家がグローバリゼーションを追い求めた結果、仕事・富・工場をメキシコや海外に追いやった。何百万人もの労働者がすべてをなくし、貧困に追いやられ傷ついた。これを政治家たちは修復できなかった。私が大統領にならない限り現状は変わらない」（米ペンシルベニア州、16年6月28日）

トランプ氏の主張は、アメリカの人たちのことを考えよう、逆に言えば、アメリカさえ良ければいいんだというものです。グローバリゼーションを何とか切り離して、自分の国の産業や労働者たちを保護したい。そのために、今まで安くものを作らせていた中国やメキシコからの輸入品に高い関税をかけようとしています。

メキシコには日本の自動車会社の工場もたくさんあるので、そうなると日本企業も大打撃を受ける恐れがあります。

また、外国製品に高い関税をかけるという発言に拍手喝采《かっさい》していた人たちが大勢いましたが、高い関税をかけるということは、アメリカの物価が上がるということです。物価が上がり始めれば、安い商品を買って助かっていた人たちやトランプさんに投票した人たちの生活が苦しくなるということにもなるわけです。これで果たして格差是正につながるのでしょうか。

あるいは、先進国の企業から受注することで雇用が生まれ、経済が活性化していた途上国もまた打撃を受けることになるかもしれません。

こういう自分の国さえ良ければいいという動きは、アメリカだけではないのです。たとえばイギリスのEUからの離脱も、反グローバリゼーションの一つと言えます。自分の国さえ良ければいいというのは、わからないではありませんが、この動きが世界中に広がると、これからいろいろと困った問題が出てくるでしょう。

第6章

トランプ大統領の誕生で、金持ちはますます金持ちに!?

トランプ米大統領の公約は減税。耳に心地よい話だが、お金持ちの優遇という批判も。世界を見渡せば、富裕層優遇策をとるシンガポールのような国もある。同地在住の著名投資家、ジム・ロジャーズ氏に「格差」について聞いた。さらに、租税逃れの疑惑が渦巻くタックスヘイブンと「パナマ文書」を詳しく解説。

◉減税で富裕層の海外流出を防ぐ?

アメリカではお金持ちと貧しい人たちの格差が大きくなっているという話をしましたが、続いての問題はこちらです。

「トランプ大統領の誕生で、金持ちはますます金持ちに⁉」

一体どういうことなのか?

トランプ氏が掲げていた主な公約の一つに減税があります。すべての層の所得税を下げて、法人税、会社にかける税金も大幅に減らすというものです。今、アメリカの法人税は35%ですが、これを15%にすると言っています。

所得税を減税すれば、もちろんみんな助かりますよね。でも、お金持ちほどたくさん税金が返ってくることになりますから、お金持ちはますますお金持ちになるということなのです。

「お金持ちに対する優遇ではないか?」と疑問に思う人が多いと思いますが、背景には、お金持ちはその国にとっての「貴重な経済力」であり、お金持ちが一生懸命働い

減税でお金持ちの海外流出を防ぐ

トランプ大統領の誕生で
金持ちはますます金持ちに!?

米大統領
ドナルド・トランプ

主な公約

- ◆所得税を減税
- ◆法人税を35%から15%に減税

など

お金持ちを誘致して、経済活性化をねらう

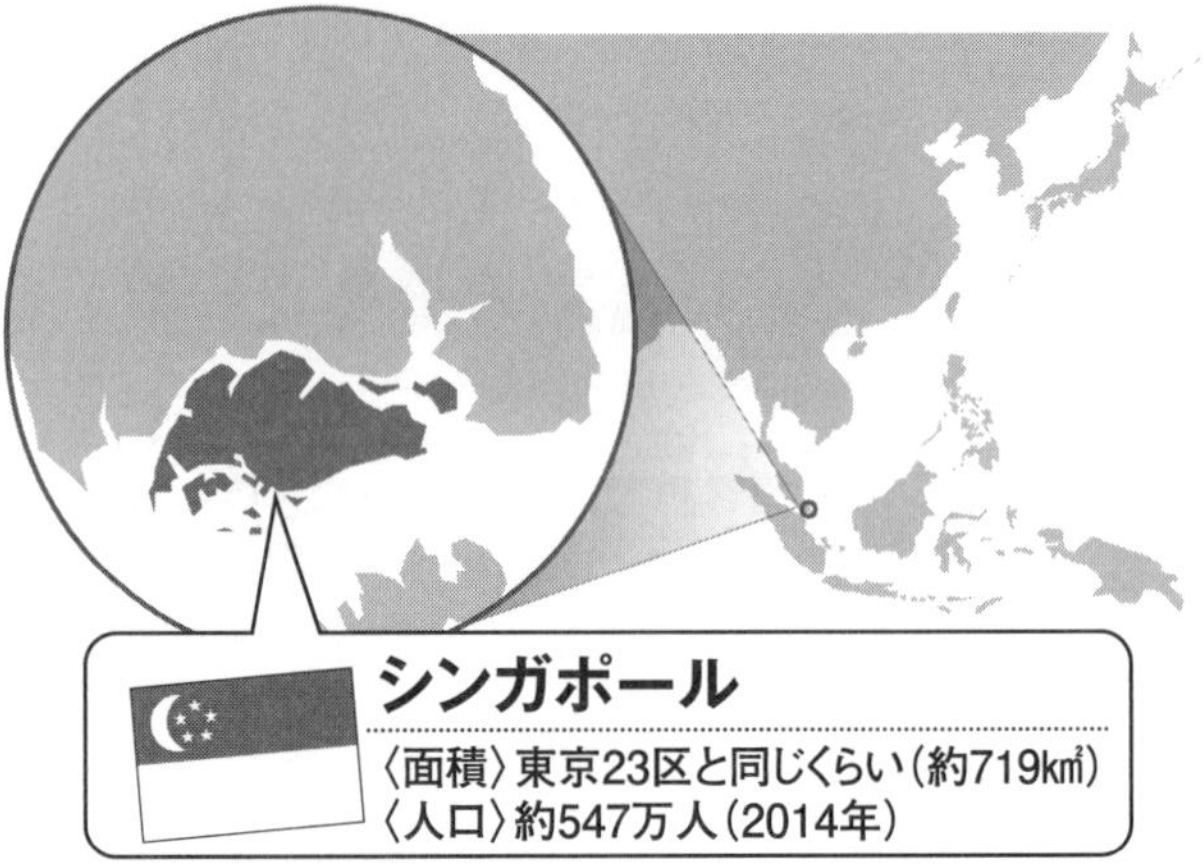

てくれれば、国全体は豊かになるという考え方があります。

税金が高いと彼らがよその国に逃げてしまうかもしれない。そこで、「貴重な経済力」であるお金持ちが海外へ流出しないように所得税や法人税を下げて、国内に引き留めようとしている、というわけです。

●お金持ちを優遇するシンガポール

お金持ちの流出を防ごうとしているのがアメリカならば、お金持ちを迎え入れようとさまざまな優遇をしているのがシ

ンガポールです。

面積は東京23区とほぼ同じで、人口は約５４７万人の小さな国です。ここでこんな疑問が。

「なぜシンガポールはお金持ちを優遇するのか？」

実は、シンガポールの戦略とも言うべきある思惑があるからなのです。以前、リー・シェンロン首相がこんなことを言っていました。

「もし、あと10人の億万長者がシンガポールに移住してくれたら、貧富の差は広がるだろうが、シンガポールは今より潤う。なぜなら、彼らはビジネスを持ち込み、雇用を生み、経済を活性化してくれるからだ」（２０１３年7月5日、ＤＢＳアジアインサイト会議、シンガポール）

シンガポールの首相のこの発言からもわかる通り、お金持ちを優遇する理由は、政府が積極的にお金持ちを誘致し、経済活性化をねらっているから。お金持ちが来てくれれば、国が豊かになるだろうというわけです。

では、どんな優遇をしているのか？

その一つが**法人税**＊です。日本の法人税は、実効税率で約30％。日本の企業は、利益があがればこれだけ納める必要があります。

それに対してシンガポールは17％でいい。シンガポールに会社を移せば、納める税金は相当少なくて済みます。

＊**法人税**＝国税の法人税（法人所得税）と地方税の法人事業税、法人住民税があり、日本で法人税と言えば、この三つの総称のこと。課税方法や仕組みに違いがあるため、その違いを調整して算定した合計税率が法人実効税率である。

さらに政府は、シンガポールの経済発展に貢献すると認めた企業に対し、最長15年間、法人所得税を免除するなどの優遇措置もとっています。

所得税も比べてみましょう。日本の所得税率は最高税率が45％、これに地方の住民税などを入れると最高55％にもなります。

シンガポールの場合、最高税率は２５００万円を超えたところでも20％です。２０

日本とシンガポール、税率の比較

法人税

2016年12月16日時点

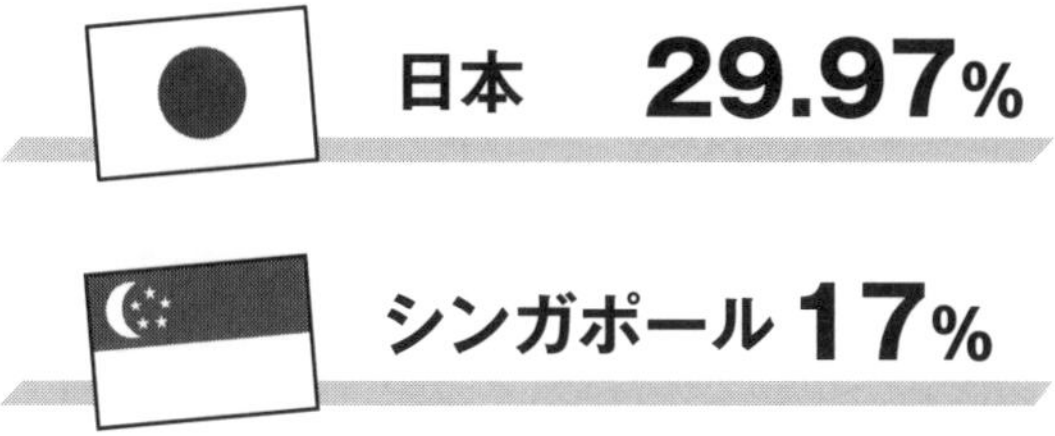

所得税

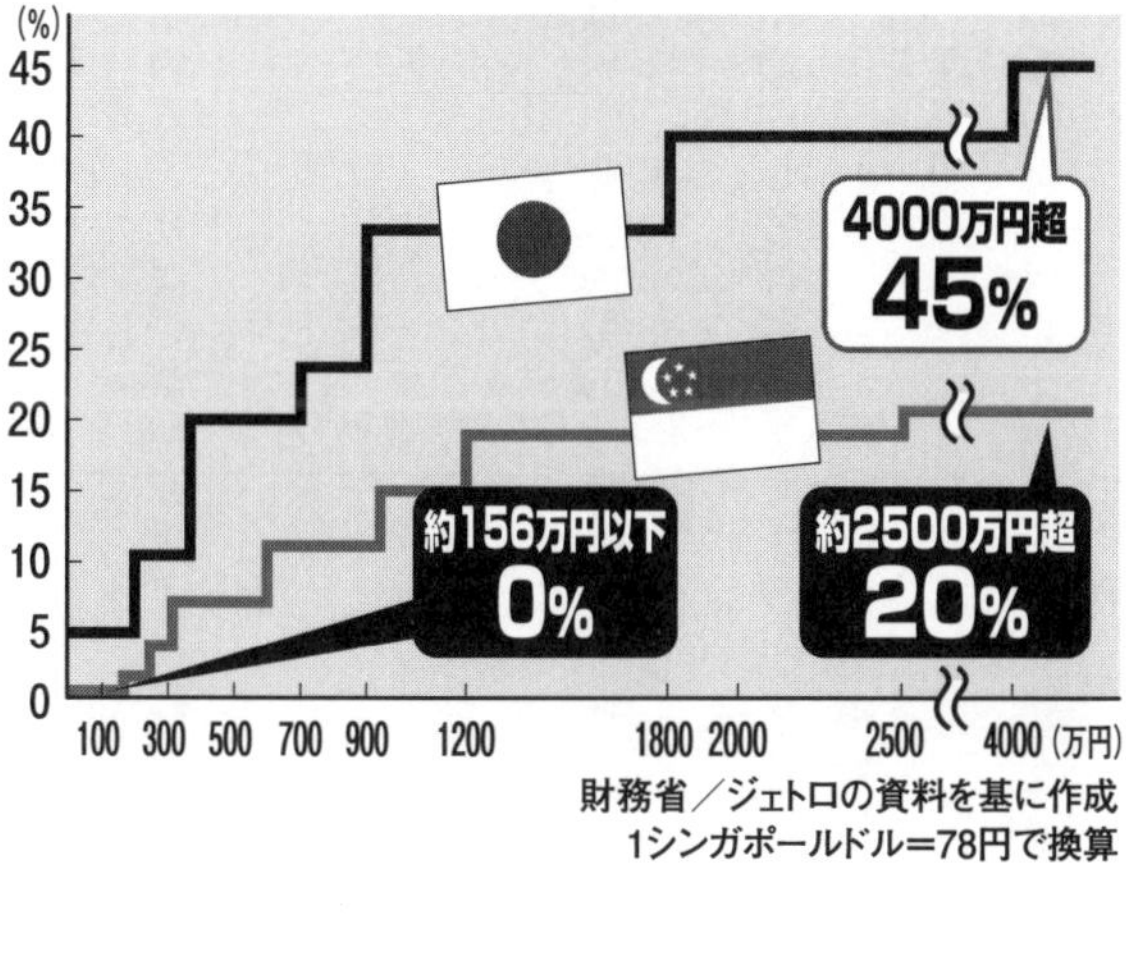

財務省／ジェトロの資料を基に作成
1シンガポールドル=78円で換算

17年から最高税率が22％に上がるそうですが、それでも高所得者から見れば、日本の半分以下の税率となります。

こうなると日本のお金持ちは、日本で税金を納めるよりは、シンガポールに移れば税金は少なくて済むというわけです。

●世界でお金持ちの奪い合いが起きている！

実際、お金持ちに優しいシンガポールには、世界中から大勢のお金持ちが移り住んでいます。

日本からシンガポールに永住した人の数も年々増加していて、2015年現在の永住者数は2413人です。

永住権を取るには、経営者の場合、直近の売上高が40億円以上であることや、シンガポールに約2億円の投資をするなどの条件があるので、決して簡単ではないのですが、それでもこれだけの日本人が永住権を取っています。

永住者数の推移

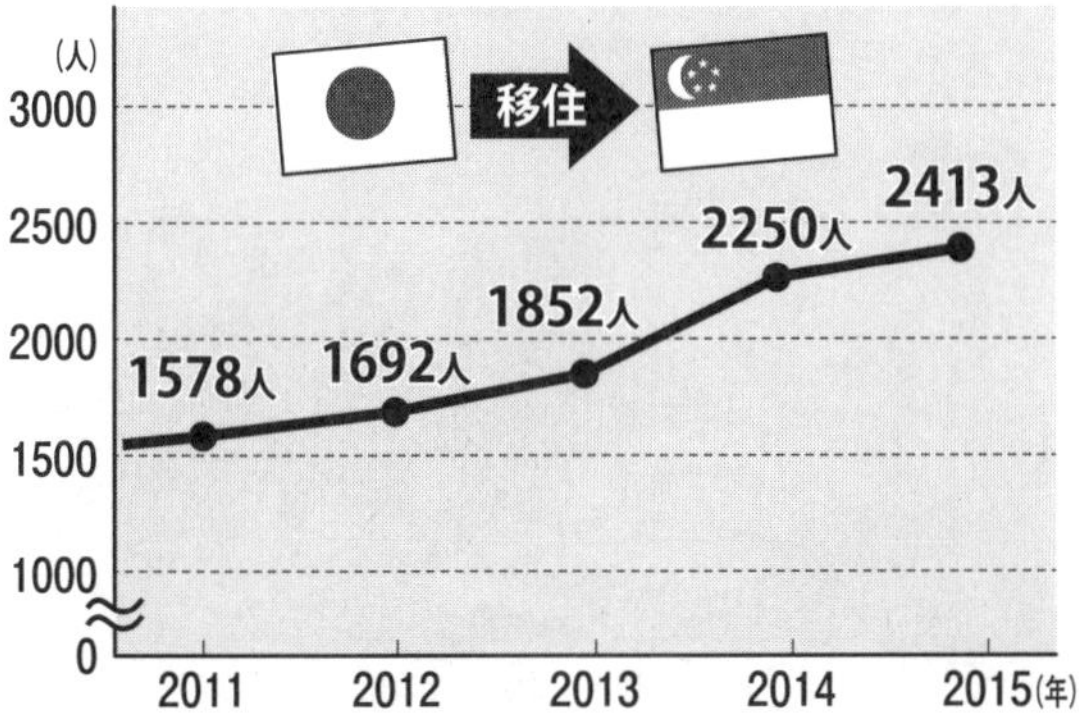

※婚姻により永住権を取得した人なども含む
外務省「海外在留邦人数調査統計」より

ただし、この2413人という数字には、経営者などのお金持ちだけではなく、その家族や、結婚してシンガポールに移り住んだ人も含まれます。

こんなにお金持ちを優遇する国があると、日本の富裕層がみんな出て行ってしまうのではないかと心配になりますね。日本としては、海外で永住しようという人には税金をかけて、その動きを抑えようとしています。

結局、シンガポールだけではないのです。「うちの方が税金が安いですよ」と言って、お金持ちを世界中が奪い合っています。国どうしで税金を下げる引き下げ

永住する人が年々増加している、シンガポール

競争が起きているのです。日本も段階的に法人税を下げてきました。しかし、外国へ逃げていかないように法人税を下げるということは、日本の大企業の税金がどんどん軽くなるということでもあります。

◉「働くのに最高の場所」と語る若手起業家

では、シンガポールの現状はどうなっているのか？　海外から移り住んだ富裕層に取材を敢行しました。

夜、仕事を終えた外国人の皆さんが集

まっているお店を訪ねると、ビールを飲みながら会話が弾んでいました。あるグループは、経営者、投資家、銀行員、建築家、食品メーカーのマーケティング担当、旅行サイトの営業担当、ソフトウェアの専門家などバラエティーに富んだ顔ぶれで、国籍もフランス、インド、トルコなどさまざまです。

「(シンガポールでは)起業から数年たっている会社で利益を上げ始めたら、法人税の大幅な減税を受けることができるんです。働くのに最高の場所です」

起業家のジャン・エビエールさんはこう話してくれました。

車好きの外国人富裕層が集うコミュニティーもあります。月に一度、所有する高級車でドライブをする、その名もエキゾチック・カー・クラブ。取材した日は、フェラーリ、ランボルギーニ、マセラティなど、世界に名だたる高級車が30台以上、集まっていました。

そんな外国人のために、今、シンガポールでは富裕層向けマンションの建築ラッシュが続いています。

中でも注目の最高級マンションが、地上36階建て、58戸の居住スペースを持つザ・

富裕層向けマンション

ザ・リッツ・カールトン・レジデンス
地上36階建て 58戸の居住スペース

約8億円
（1050万シンガポールドル）※家具類なども含む

リッツ・カールトン・レジデンス。広さ263平方メートルのスタンダードタイプの部屋は、約8億円（1050万シンガポールドル、家具類なども含む）の値段がついていました。

◉伝説の大物投資家、ジム・ロジャーズ氏が「格差」を語る

世界から富裕層が集まるシンガポールですが、いったい彼らは広がりゆく格差をどう思っているのでしょうか。

そこで、ある大物にインタビューのオファーをしました。

その人物が住んでいるのは高級住宅街、ホーランド・ビレッジ周辺にある豪華な一軒家です。この豪邸に住んでいるのは、アメリカ出身の投資家ジム・ロジャーズさん（74歳）。

長者番付の常連ウォーレン・バフェット氏、ジョージ・ソロス氏とともに世界三大投資家の一人と呼ばれる、まさに大物です。

世界三大投資家

ウォーレン・バフェット氏

ジョージ・ソロス氏

ジム・ロジャーズ氏

1970年代にソロス氏とともに立ち上げた投資ファンドでは、10年間で3000%を超える利益を出すなど、数々の伝説を残しています。

自宅へお邪魔すると、エントランスは豪華そのもの。2階へ上がると、大きな肖像画が飾られていました。

「昔は若かったんだよ。30年以上前のものだよ」

続いて案内されたのはダイニングルームで、そこにも大きな肖像画が飾られていました。末娘のビーランドちゃんを招き寄せ、絵の中の赤ちゃんを指差しながら、

「これがこの子だよ。小さな赤ん坊だった。すっかり大きくなったよ。8歳になったんだ」

と語るロジャーズさん。

シンガポール在住の投資家

シンガポールで悠々自適の生活

2007年に
シンガポールに
移住

次女ビーランドちゃん

妻ペイジさん

プールサイドで世界の情勢を日々観察

一家は妻と2人の娘さんの4人家族で、2007年にシンガポールに移住してきました。以来、世界各地での講演や個人投資家として活動しながら、家族とともに悠々自適の生活を送っています。

彼の日課はプール脇でのエクササイズだそうで、パソコンが設置されていました。

「できるときは1日2～3時間エクササイズするんだ。日経平均上がった。上海《シャンハイ》も上がった。疲れている時間は私にはないよ。100歳まで生きるんだ。長生きの日本人のようにね」

こうして世界の情勢を日々観察してい

るロジャーズさんに、今、注目すべき投資先を聞いてみました。

「おそらくいいのは、ロシア、カザフスタン、コロンビア、ベトナム、北朝鮮。今現在、私はどこにも投資しないけど、いい展望がある」

ロジャーズさんは、世界で広がりつつある格差問題をどう思っているのでしょうか。その点も尋ねました。

「世界には貧しい人も金持ちもたくさんいる。それはいつの時代も同じ。格差は常に起こり続け、多くの人が解決しようとしてきたが、変えられた人は誰もいない。私の解決策は、自信がある人々に好きなだけ金を稼がせればいい。たくさん稼ぐ人の多くは、一部をチャリティー、教会、学校など誰かに与える。私に言わせれば、大金を稼ぐ人がいるのは悪いことではない」

●富裕層〝税逃れ〟の実態は？

シンガポールは、食べるものもおいしくて治安もよく、英語も通じるということで人気があります。だからこそシンガポールは国を挙げてお金持ちの誘致に努めているのです。

これに対して、人を誘致するのではなく、それとは違うやり方で、税を低くして優遇措置を与えている国や地域があります。

それが最近よく聞く「タックスヘイブン」です。

ヘブン（heaven）は天国ですが、ヘイブン（haven）は回避地。日本語では「租税回避地」と訳されます。

タックスヘイブンと呼ばれる場所は世界各地にたくさんあります。あまりにもたくさんあるので、ざっくりとこのエリアということで示したのが次のページの上の地図です。こうやってお金持ちを優遇している国・地域がこれだけあるということです。

こうしたタックスヘイブンに世界中から一体どれくらいお金が流れ込んでいるかというと、合計して2310兆円（1ドル＝110円で換算）ないし3520兆円（同）にもなります。これは世界中のタックスヘイブンを監視しているイギリスのNGO団体が発表した試算ですが、現在、これだけのお金が流れ込んでいるだろうとみられてい

世界各地にあるタックスヘイブン

OECDの資料(2009年)を基に作成

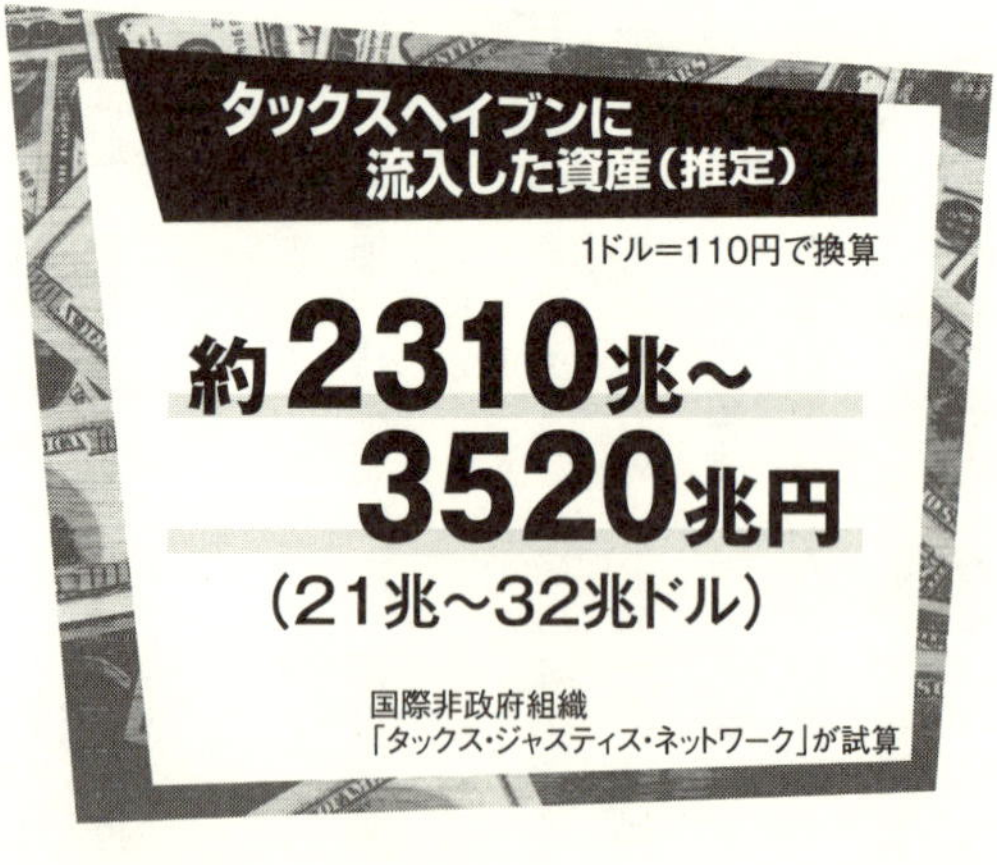

ます。

本来、それぞれの国にあれば、税金を払っていたはずです。それが、税金を払わないでここに流れ込んでいるわけです。

◉日本の富74兆円の隠れ場所、英領ケイマン諸島

日本から一番お金が流れ込んでいるのが、イギリス領ケイマン諸島です。その金額を調べて日本の財務省が２０１６年5月に発表しました。それによると、約74兆円に上るそうです。

74兆円というのは、どの程度のお金なんでしょうか。２０１５年度の日本の税収が約56兆円ですから、それより18兆円も多いのです。

カリブ海に浮かぶ三つの島から成るイギリス領ケイマン諸島。人口はおよそ6万人。島の周囲は珊瑚礁《さんごしょう》に囲まれていて、世界有数のダイビングスポットとして有名です。透明な海に潜《もぐ》れば、ウミガメやエイを間近で見ることもできます。世界的に有名な

日本から一番お金が流れ込んでいる

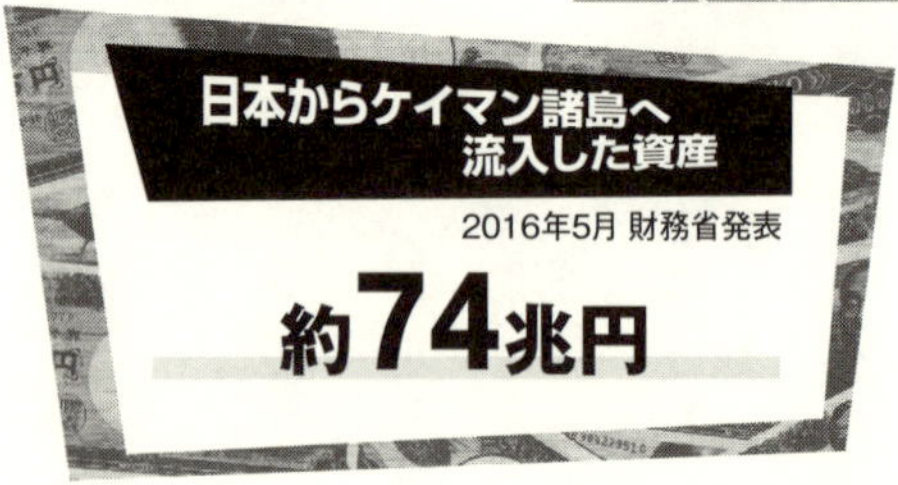

（共同）

ザ・リッツ・カールトンなどの高級ホテルもあり、ケイマン諸島は「カリブ海の楽園」とも呼ばれています。

そんなリゾート地のケイマン諸島は、所得税、法人税、相続税がすべて0%。税金は一切かかりません。

ここで、見ていただきたい建物があります。次の写真（150ページ上）はリゾート風の5階建ての建物ですが、ここには実に1万8000社以上の会社が入っているのです。みんな名前だけのペーパーカンパニーです。税率0%の恩恵を受けるために、ここに籍だけ置いているといわれています。

その下の写真で、たくさん並んでいるのは何だと思いますか。これはペーパーカンパニーの私書箱です。オフィスがないそれぞれの会社宛ての郵便物は、ここに届くことになっています。

ケイマン諸島では、ペーパーカンパニーの設立にあたり、登録料や更新料などを徴収しています。会社の資本金によって金額が違い、登録料は最低約8万円から最高36万円です。更新料も同じくらいの金額（約9万〜34万円）で、それが1万8000社以

ペーパーカンパニーもケイマン諸島の財源

18000社以上の会社が入っているビル

（共同）

ペーパーカンパニーの私書箱

（共同）

上あるわけですから、ケイマン諸島の財源としては十分ということです。

◉世界に衝撃が走った「パナマ文書」の公開

今、問題視されているのは、このようにお金持ちや企業がタックスヘイブンにペーパーカンパニー、つまり名前だけの会社を設立し、意図的に税金逃れをしているのではないか、ということです。

彼らがタックスヘイブンを利用することで、本来なら国に支払われるはずの法人税や所得税など、国の税収が減ってしまいますよね。

2016年、国の政治家や著名人がこれを利用していたことがわかって世界に衝撃が走りました。

その年4月に公開されたのが「パナマ文書」です。パナマにあるモサック・フォンセカという法律事務所から、世界中の企業や個人によるタックスヘイブンの利用実態が記載された機密文書が流出し、インターネット上に会社の名前や個人の名前などが

「パナマ文書」の公開で発覚

公開されました。

ＩＣＩＪ（国際調査報道ジャーナリスト連合）が公開したサイト（https://panamapapers.icij.org/the_power_players/）には、多くの人の顔のイラストが載せられていて、上には「パワープレーヤー」と書いてあります。つまり、権力者たちということです。

たとえば、アイスランドのグンロイグソン前首相（と妻）は、イギリス領バージン諸島にウィントリスというダミー会社を所有していた、つまりペーパーカンパニーを持っていたということがわかってしまい、発覚後、すぐに首相を辞任しました。本人は租税回避や脱税行為ではないと言っていますが。

たとえ犯罪ではなくても、国民は国のために税金を支払っているのに、国の政治家たちがタックスヘイブンで課税を逃れている行為が大きな批判を浴びた、ということです。

この「パナマ文書」の公開によって、なんと世界の法人（会社）、約21万4000件の名前が明らかになりました。

ここで是非気をつけてほしいのは、公になったのはあくまでこのモサック・フォン

一つの法律事務所の流出だけでもこれだけある

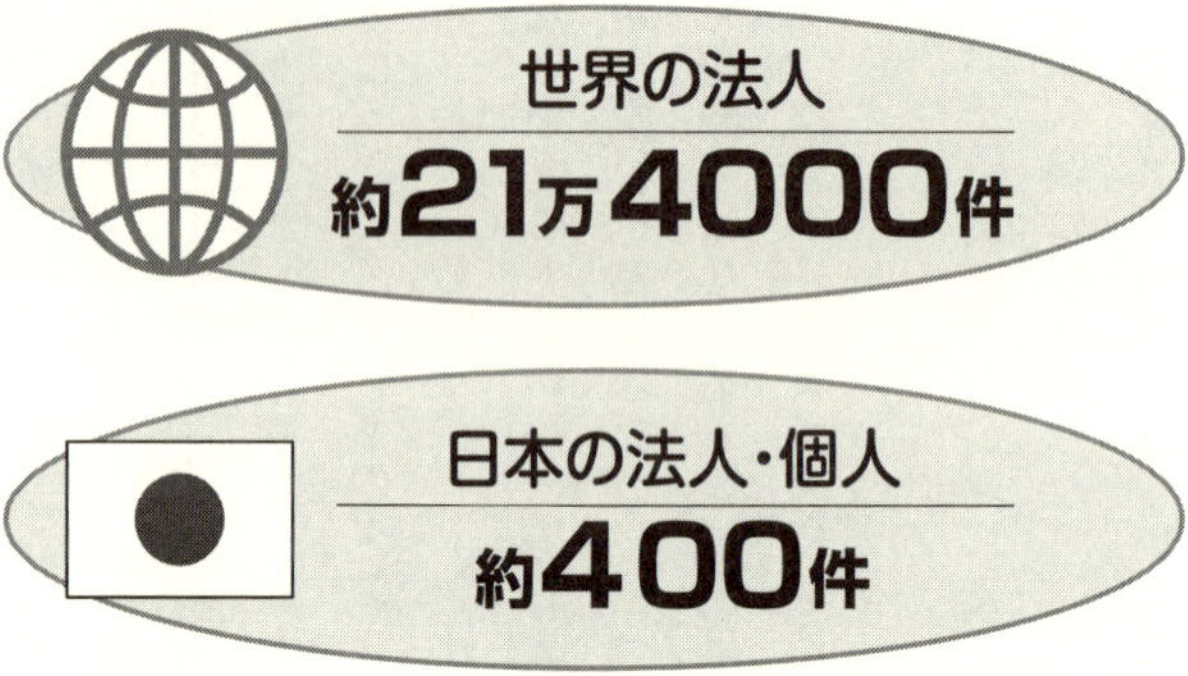

セカという法律事務所だけだということです。他にも、タックスヘイブン関連の業務を行う法律事務所はたくさんあるのです。一つの法律事務所だけで21万4000件だということ。全部明るみに出たらどれだけの数になるのか、想像もつきませんね。

さらに、「日本に関係しているとみられる法人・個人は約400件にも及んでいる」と当初、報じられました。その後の調査では、これ以上いることもわかってきています。世界中のジャーナリストたちが協力して調査をしているため、日本の法人・個人の数も増え続けているということです。

中には、株価操作などで悪用していたと自

ら証言して実名報道された人もいます。しかし、調べても違法性がなかった、実は名前を使われていただけだったのかもしれないという人もいるため、実名での報道はほとんどされていません。

タックスヘイブンは、厳密には違法とは言えないグレーなものもあるということです。

◉タックスヘイブンはなくすことはできないのか?

資産を移すこと自体は違法ではないとはいえ、今、懸念されていることがあります。それがテロや犯罪の資金隠し、あるいはマネーロンダリング(資金洗浄)の温床になっているのではないか、という問題です。

そこで、こんな疑問が湧きませんか?

「タックスヘイブンはなくすことはできないのか?」

実は今、こんな動きがあります。「超富裕層の税逃れ監視　全国展開」という報道が

タックスヘイブンを封じ込める取り組み

超富裕層の税逃れ監視 全国展開 国税庁

国税庁は25日、国際的な租税回避や富裕層による海外への資産隠しなどに対応する「国際戦略トータルプラン」を公表した。このなかで、富裕層の中でも特に資産を持っている人たちの情報を専門的に集めて監視する取り組みを、来年７月から全国に拡大することを明らかにした。

「パナマ文書」の公開やＯＥＣＤ（経済協力開発機構）による税逃れ対策の進展で、国民の関心が高まっていることから、国際的な課税への取り組みを初めて取りまとめて示した。

超富裕層への取り組みは「重点管理富裕層プロジェクトチーム（富裕層ＰＴ）」といい、2014年７月に東京、大阪、名古屋の各国税局に設置した。現在は計約50人で構成する。

特に多額の資産がある人について、家族など関係者、運営する会社、関連会社などを一つのグループとして一体的に管理し、資産や投資活動の分析にあたる。調査が必要と判断すれば実際の調査につなげる。こうした取り組みを全国の国税局で実施するという。

トータルプランは①情報収集の強化②専門的な体制の整備③外国当局との協力を三つの柱とした。情報収集では、100万円超の海外との送受金や、５千万円超の国外財産を把握。外国当局との協力では、国内に住んでいない「非居住者」の口座情報を各国の税務当局が把握し、口座の名義人が実際に住んでいる国に提供する。約100カ国・地域で実施する予定で、日本では18年９月までに情報交換が始まる予定だ。

（磯部征紀）

2016年10月26日付 朝日新聞

ありました。国税庁が、富裕層の中でも特に資産を持っている人たちの情報を集めて監視する取り組みを、２０１７年７月から拡大するという記事です。富裕層が海外にどれだけ資産を持っているかを監視して、それを課税できるようにしようという取り組みを始めたということです。

世界的な取り組みとしては、ＯＥＣＤ（経済協力開発機構）という国際機関の中で、悪質なタックスヘイブンを封じ込めていこうという取り組みも、今後、強化されていくようです。

ただ、これはなかなか難しいですね。国際的に資金がワーッと流れていくわけですから。本当はそういうものにきちんと税金をかけること

ができれば、世界中の税収は増えるはずです。検討はされているのですが、まだまだ

ということです。

第7章

貧しい人がますます貧しくなる日本

富める者がますます富むアメリカ。一方、日本では貧しい者がますます貧しくなっている！　貧困のしわ寄せが子供たちに及んでいるというのは本当なのか？　全国に広がる「こども食堂」、そして教育格差の実態とは？

格差は日本にとっても大きな問題

このままだと

日本は貧しい人がますます貧しくなる

◉所得下位層の貧困化が進んでいる

ここまで世界に広がる格差の現状を見てきましたが、実は日本にとっても大きな問題になりつつあります。

その問題とは、「このままだと日本は貧しい人がますます貧しくなる」ということ。

第3章でアメリカの平均所得の推移（59ページ）を見ました。そこでは、お金持ちがますますお金持ちになっている現状が明らかになりました。では、現在の日本の格差はどうなっているのでしょうか。

日本の平均所得の推移

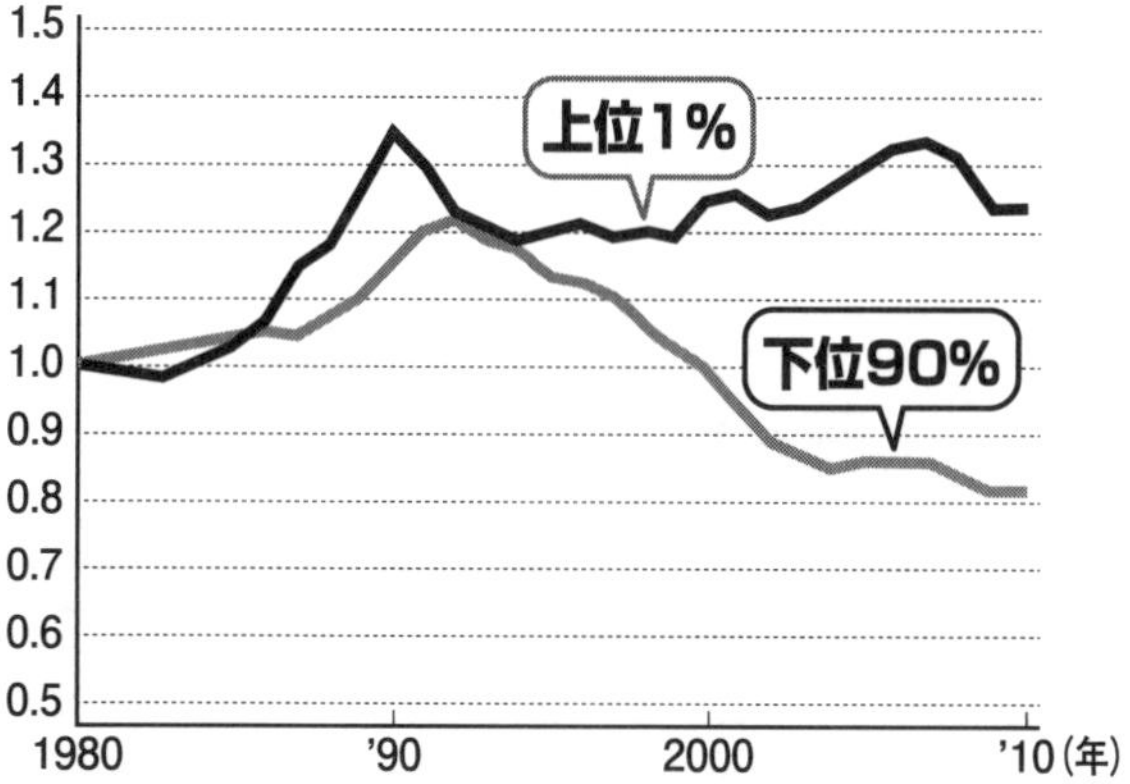

1980年の値を1として「The World Wealth and Income Database」のデータを基に作成

上に示すグラフは、日本の平均所得の推移です。アメリカと同じく、黒の線が所得上位1%の富裕層、グレーの線が所得下位90%の大衆層です。これを見ると、日本の場合、下位90%の平均所得がどんどん下がり続けています。つまり、貧しい人がさらに貧しくなって格差が広がっていることがわかるのです。

これについて内閣府は、高齢化が進んだことによって働く人口が減ったからという見解を出していますが、どうもそれだけとは言えそうにありません。

次に挙げたのは、生活保護受給者数の推移です。グラフを見ると20年ほど前か

生活保護受給者数の推移

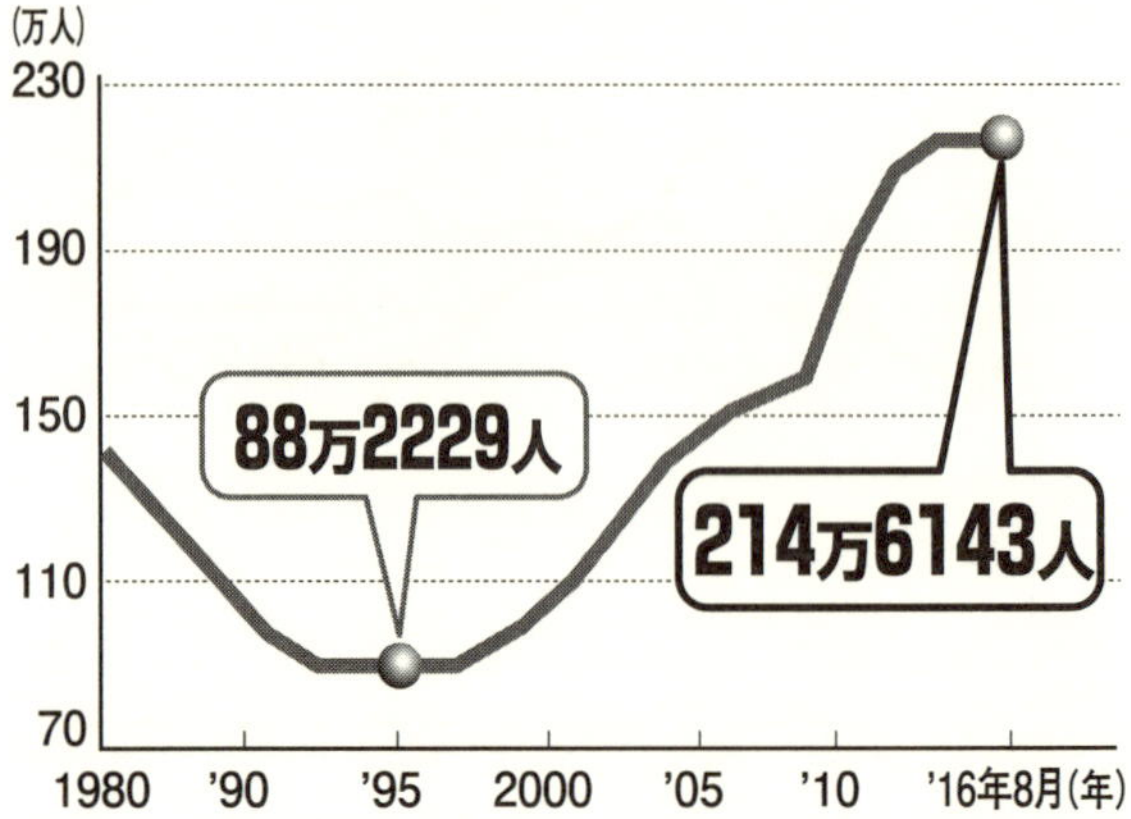

「福祉行政報告例の概況」を基に作成

ら増加しています。生活保護を受けなければ生活できない人が増えていることがこれでわかります。

こうしたことの影響を顕著に受けているのが、実は子供たちです。貧しい人がさらに貧しくなることで、その家庭の子供にまで貧困の影響が及んでいるのです。

「子供の貧困６人に１人」という報道がありました。厚生労働省によると、**子供の相対的貧困率***が２０１２年に16・３％になり、過去最悪を更新したということです。この記事には、「厚労省の研究班が13年に小学生約９００人を対象に実施した調査では、標準的な所得の半分を下回る世帯の子供は『家庭で野菜を食べる頻度が低い（週3日以下）』割合が一般世帯の2倍、『インスタント麺やカップラーメンを週1回以上食べる』割合は2・7倍だった」（日本経済新聞16年1月8日付）とも書かれています。

＊子供の相対的貧困率＝17歳以下の子供全体に占める、等価可処分所得が中央値の半分以下の子供の割合。厚生労働省は「子どもの貧困率」と呼んでいる。「中央値」「等価可処分所得」については25〜28ページ参照。

◉貧困のしわ寄せを受ける子供たち

貧困のしわ寄せが子供に及んでいることから、最近、こんな動きが出ています。それが「こども食堂」です。聞いたことはありますか？

経済的理由で十分食べられない子供や、親が仕事などで1人で食事をせざるを得ない子供などに、きちんと食事をとってもらおうということで、地域の人たちが無料、もしくは安い値段で食事を提供している場所です。

今回、番組では、東京都練馬区内で開催されている「ねりまこども食堂」にお邪魔させていただきました。

やってきたのは練馬区にある、あるお寺の施設です。そこに看板が出ていました。

「おばちゃんたちがおいしいごはんをつくってまっています」

と書かれています。

午後4時、その施設の中にお邪魔すると、大勢のスタッフが慌《あわ》ただしく準備をしていました。実は、作業をしている皆さんは、全員ボランティアです。こども食堂の開店に向けて腕をふるっていました。

こども食堂にはどんな子供たちが来るのでしょうか。代表の金子さんに話を伺いました。

金子「聞いてみると、給食しか食べていないという子がいるんです。見えないからね。

地域が食事を提供している場所

昔は（外見で）見えたんですよ。ぱっと見で〝ちょっと貧しい子かな？〟というのがわかったんですけど、今はもう見えないでしょ、全然。ところが、親御さんや先生の話を聞いたりすると、本当に食べてない子が多いんです」

午後6時、こども食堂開店の時間です。その後も、小学生から高校生くらいまでの子供たちが続々とやってきます。母子家庭でお母さんと一緒に来る子供たちが多く、毎回50人ほどの方が来るのだそうです。

●「ねりまこども食堂」の取り組み

こども食堂は、子供に限らず、親御さんも利用することができます。こちらのこども食堂では月2回、子供は無料、大人（保護者）は300円で食事が食べられます。

ねりまこども食堂では、初めて来る人にはちゃんと事情を聞いて、本当に困っている人だけが食堂を利用できるシステムをとっています。

食事の内容はどんなものなんでしょうか。たくさんメニューがあります。この日は、さんまの塩焼き、サーロインステーキ、ジャーマンポテト、きのこファーム風マリネ、つる首かぼちゃのスープ、青菜炒め、リンゴと柿のサラダ、冬瓜《とうがん》とワカメと油あげのみそ汁、大学いも。栄養バランスも考えられた献立になっています。

金子さんによると、「子供たちに好きなものをおなか一杯食べてもらいたい」という思いから、食事はバイキング形式にしているそうです。

こども食堂で使われる食材は、主に寄付によるものです。ホームページなどで募り、全国からさまざまな食材が送られてくるとのこと。

ご飯を食べられない子供たちがいるという現状を、代表の金子さんはどう思っているのか聞いてみました。

金子「私たちから見れば、かわいそうな家庭だなと思っても、その子にとってはそれが当たり前だから、かわいそうだと思っていないんですよ。でも、いろいろ世の中を知るうちに、〝私って……〟と思うようになるわけです。その家に生まれちゃったから

子供たちにおなか一杯食べてもらいたい

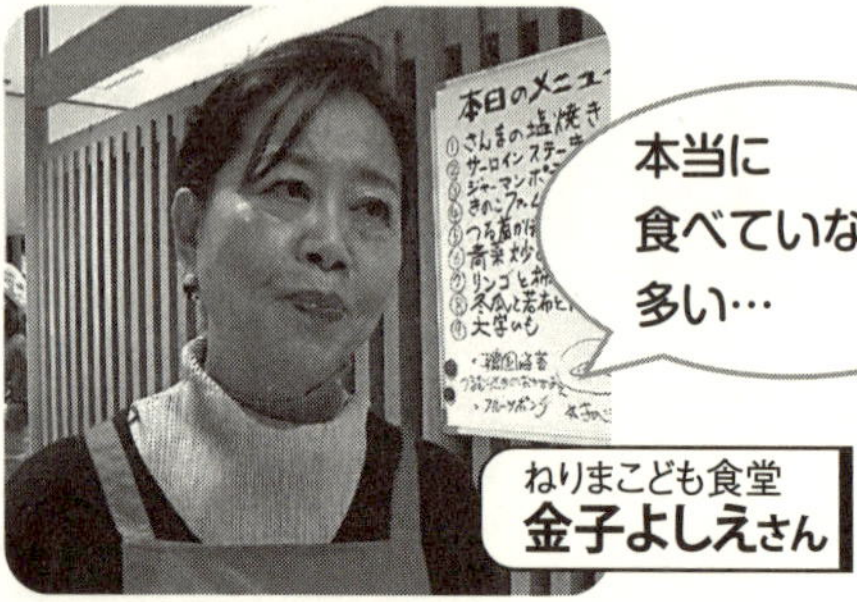
本当に
食べていない子が
多い…
ねりまこども食堂
金子よしえさん

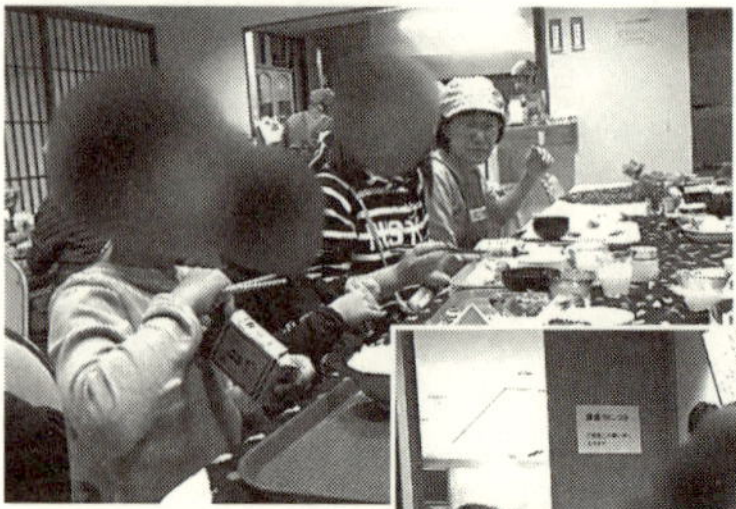

ねりまこども食堂

- ●月2回開催
- ●子供／無料、大人（保護者）／1回300円
- ●対象／小学生～高校生（幅広い年齢の子供たち）

仕方がないと思わないようにしてあげたいですよね。どこに生まれるかは選べないので、そんな貧しい家に、大変な家庭に生まれたけれども、その子の未来は〝他の子と一緒だよ〟って思わせてあげたいし、大人がそうすべきだと思います」

先ほど、学校給食しか食べていない子がいるという話が出ました。そういう子は、夏休みの間にげっそり痩《や》せてしまうといいます。夏休み中は学校給食がありませんから。支援を受けられない子供の中には、すっかり痩せ細ってしまう子もいるのだそうです。

こども食堂は2009年ごろから都内で始まったとされ、16年5月末の時点では、全国に少なくとも319カ所あることがわかっています。(朝日新聞16年7月2日付)

同年11月に発表された西日本新聞の調査では、その1年前の時点では10カ所程度だった九州のこども食堂が、1年間で10倍超の117カ所に増えたこともわかりました。(16年11月17日付)

こども食堂を運営しているのは皆さんボランティアですが、中には営利でやってい

全国のこども食堂

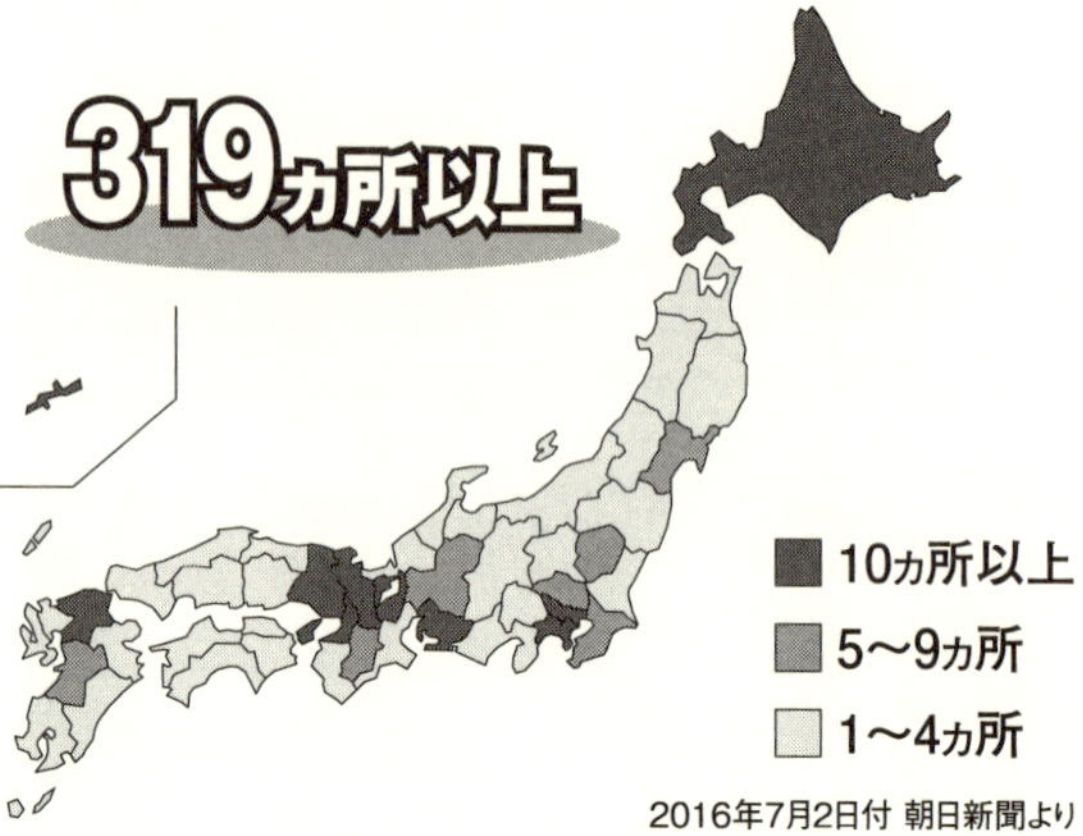

2016年7月2日付 朝日新聞より

る本当の食堂、本物のレストランが、その日のその時間に限って「子供たちだけどうぞ」という形で開いているケースもあります。食事の値段や開催日は、それぞれの食堂によってまちまちですが、今後もさらに増えるとみられています。

◉教育格差が貧困の悪循環を生む

さらに問題になっているのが教育格差です。

所得が低い家では、子供に十分な教育を受けさせることができません。そのため、所得の高い家の子供との間に学力の

世帯年収と子供の正答率の関係

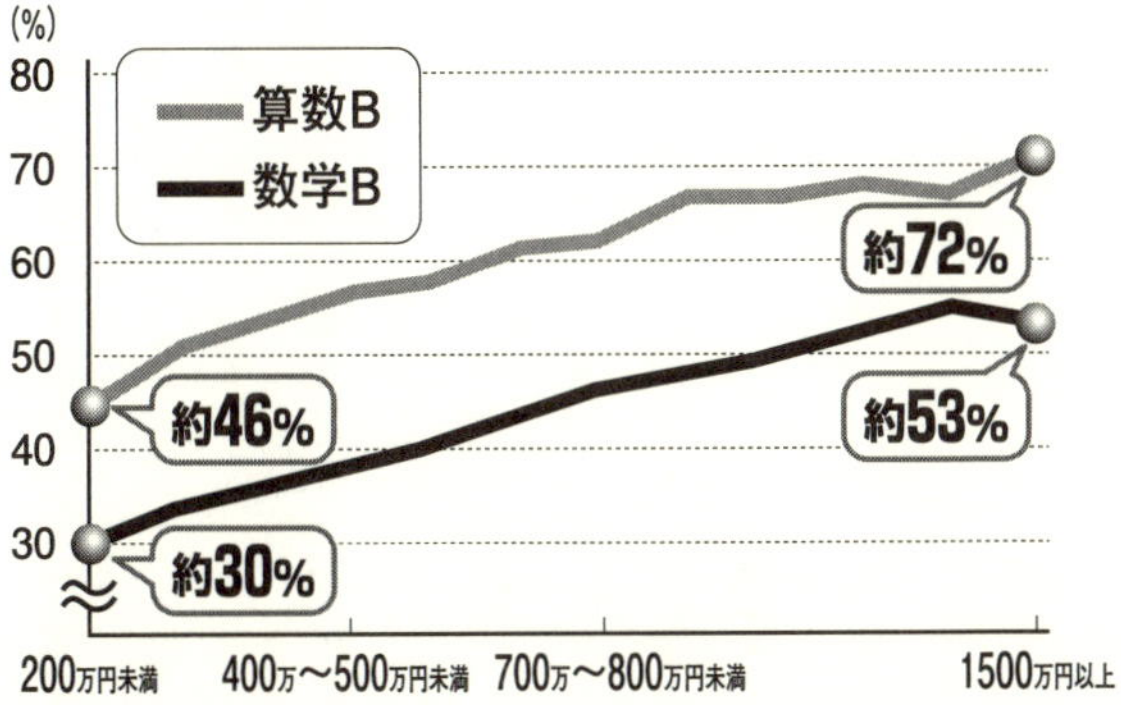

「2013年度全国学力・学習状況調査」を基に作成

格差が生まれ、それが将来のお金の格差につながってしまう恐れがあるのです。

実際に親の年収が子供の学力に影響を与えていることがわかるデータがあります。2014年に文部科学省が発表したもので、世帯年収と子供の算数・数学の正答率の関係を表したグラフ（上の図）です。

グレーの線が小学校6年生の算数の問題、「算数B」です。基礎的な問題が出る算数Aに対し、算数Bは応用力を問うもの。それが1500万円以上の世帯年収の子供の場合、正答率は約72%。年収200万円未満の子供では、正答率は約46

%にとどまっています。

黒の線は中学校3年生の「数学B」です。これも応用力を問う問題ですが、ここでも世帯年収200万円未満では正答率が約30%、1500万円以上になると約53%という結果が出ています。

このように、世帯年収が子供の学力に影響しているのです。

その理由としては、世帯年収の高い家の子供は塾通いができますし、「参考書が欲しい」と言ってくれれば、すぐ買い与えることができます。学力の上がる環境を作りやすい。ということは、そのままいくと高校進学や大学進学に大きな差が出て、それが将来的な貧困にもつながっていく恐れがある。悪循環が起きてしまうということです。

第8章

日本の格差はなぜ広がったのか？

格差問題の根は深い。自由な競争によって経済成長を目指す政策が勝ち組・負け組の二極化をもたらした⁉　その引き金を引いたのはあの人物だった！　安倍内閣はアベノミクスの恩恵を社会の隅々に行き渡らせると言っているが、現実はそうなっているようには見えない。その理由についても考えよう。

この政権が格差を広げた？

小泉純一郎元総理

（共同）

構造改革

「民間にできることは民間に」
などを基本理念に
郵政3事業や
道路公団の民営化
公共事業費削減などに
取り組んだ改革

●格差の拡大をもたらした政治家は？

貧しい人がますます貧しくなるという日本の現状から、こんな疑問が湧くのではないでしょうか。

「日本の格差はなぜ広がったのか？」

日本の格差を広げた原因といわれている人がいるのですが、誰だかわかりますか？　小泉純一郎元総理だと思っている方が多いことでしょう。２００１年４月から06年9月までおよそ5年半にわたって総理大臣を務めました。この小泉政権がとった政策が格差を広げた原因ともいわれています。

その政策とは、「構造改革」です。小泉政権は「民間にできることは民間に」を合言葉に、郵政3事業の民営化と道路公団民営化を行い、自由競争を進めました。さらに、民間企業が活動しやすくなるようにという規制緩和に力を入れました。

この一連の小泉構造改革のことを、よく「小さな政府」を目指したといいます。政府による規制あるいは縛《しば》りをなるべく減らし、市場への介入を最小限にして、民間の自由な競争によって経済成長を促進させようという考え方、これが「小さな政府」と呼ばれるものです。

◉小泉構造改革が生んだ二極化

この小泉構造改革の立役者が、当時の経済財政政策担当の**竹中平蔵**＊大臣です。

＊**竹中平蔵**＝1951年生まれ。慶應義塾大学教授時代から政府の審議会に加わり、

小泉内閣では経済財政政策担当大臣、金融担当大臣、総務大臣を務めた。2004年7月、参議院議員に当選（任期途中で辞職）。現在は、東洋大学教授、株式会社パソナグループ取締役会長、日本経済再生本部「未来投資会議」メンバーなど。

竹中大臣が意識したといわれているのが、1980年代にアメリカで行われた政策、レーガノミクスです。レーガノミクスとは、レーガン大統領の経済政策のこと。大幅減税や規制緩和によってアメリカの経済活性化に成果をあげたともいわれていますが、その考え方は「トリクルダウン理論」に基づいています。

企業や富裕層が豊かになれば、その富が〝したたり落ちる〟ように社会全体に行き渡るという考え方です。イラストでわかるように、上からシャンパンを注ぐと、グラスからあふれて下へと伝わり、やがてすべてのグラスが一杯になります。これをトリクルダウンといっています。

しかし、その結果は二極化でした。勝ち組と負け組という二極化が生じてしまったのです。シャンパンタワーの一番上にシャンパンを入れると、それがあふれて下まで

富裕層が豊かになれば、社会全体が豊かになる

経済財政政策相（当時）
竹中平蔵 氏

トリクルダウン理論

富裕者がさらに富裕になると
経済活動が活発化することで
低所得の貧困者にも
富が浸透し
利益が
分配される

流れてくると思ったら、シャンパングラスがどんどん大きくなって、下にこぼれなかったというわけです。

結局、二極化が進んで、いわゆる「格差問題」として問題視されることとなっていきました。

◉労働者派遣法改正で派遣労働者が急増

中でも二極化が広がったといわれる政策があります。労働者派遣法の改正（2004年3月）など、派遣労働の解禁に代表される労働市場の規制緩和です。

労働者を自由に派遣できるようにすると、低賃金で働かされる人が増える心配があったため、それまでは特別な技能を持った人だけ派遣労働が認められていました。一般の労働については、派遣労働は認めないということだったのが、この時、一挙に自由化されたのです。

その結果、多くの派遣労働者が安い給料で働くようになりました。しかも、派遣労働の場合、「来月から出てこなくていいよ」と言われたら、そこで仕事は失われてしまいます。こういうことによって、正社員と派遣労働者などとの所得格差が広がっていきました。

やがて格差の拡大は深刻な社会問題となります。そのことを象徴するニュースがありました。2006年12月に発表された「ユーキャン新語・流行語大賞」(自由国民社主催)でその年のトップテンに「格差社会」が選ばれたのです。

ちなみに、次ページの上に掲げたのは、2007年から09年の格差に関する新語・流行語大賞のトップテン及びノミネートされた言葉です。

2007年は、部屋を借りるお金もなくネットカフェを泊まり歩く人たちを指した「ネットカフェ難民」(トップテン)、フルタイムで働いても貧困から抜け出せない「ワーキングプア」(ノミネート)、2008年には、実際には管理職とはいえないのに肩書だけ与えられて、残業代などの割増賃金が支払われていない「名ばかり管理職」(トップテン)が取り上げられました。

さらに2009年には、「派遣切り」(トップテン)や、それによって仕事と住居を失

新語・流行語大賞　トップテンおよびノミネート

2007	2007	2008	2009	2009
ネットカフェ難民	ワーキングプア	名ばかり管理職	年越し派遣村	派遣切り

年越し派遣村〈2009年 新語・流行語〉

仕事と住居を失った人々のために
年末年始に食事と宿泊所を提供

（共同）

った人々のために年末年始に食事と宿泊所を提供した「年越し派遣村」（ノミネート）など、格差の拡大を象徴するさまざまな言葉が登場しました。

◉先駆けは金融ビッグバンだった

ところで、小泉政権の改革によって格差が広がっていったと思っている人は意外に多いのではないかと思うのですが、実はこの構造改革の前に、すでにそのきっかけはあったといわれています。

先ほどのグラフをもう一度見てみましょう（183ページ）。上位1％と下位90％のグラフの差が開き始めたのは、1995年ぐらいからです。富裕層も落ち込みを見せていますが、そこから持ち直しています。ところが、大衆層は下がり続けました。

この頃、どんなことがあったかというと、その前に起こったのがバブル崩壊です。つまり、格差が広がりだした95年頃は、バブル崩壊で非常に景気が悪くなり、「失われた10年」といわれる停滞した経済状態が始まった時期でした。

ここからわかるように、この頃の日本の課題は、バブル崩壊で悪化した経済状態をいかにして立て直すかというところにありました。そのための改革を行ったのが**橋本龍太郎***元総理です。

> ***橋本龍太郎**＝１９３７年生まれ。厚生大臣、大蔵大臣、通産大臣など主要閣僚を歴任し、96年1月から98年7月まで総理大臣を務めた。在任中、消費税の３％から５％への引き上げも行っている。２００６年没。

その橋本政権の打ち出した政策の一つが、格差を広げていくきっかけになったのではないかといわれています。その改革とは「金融ビッグバン」です。金融市場で長い間続いてきた規制を緩和または撤廃して、金融機関がもっと自由な競争ができるようにしようというものです。

日本の平均所得の推移

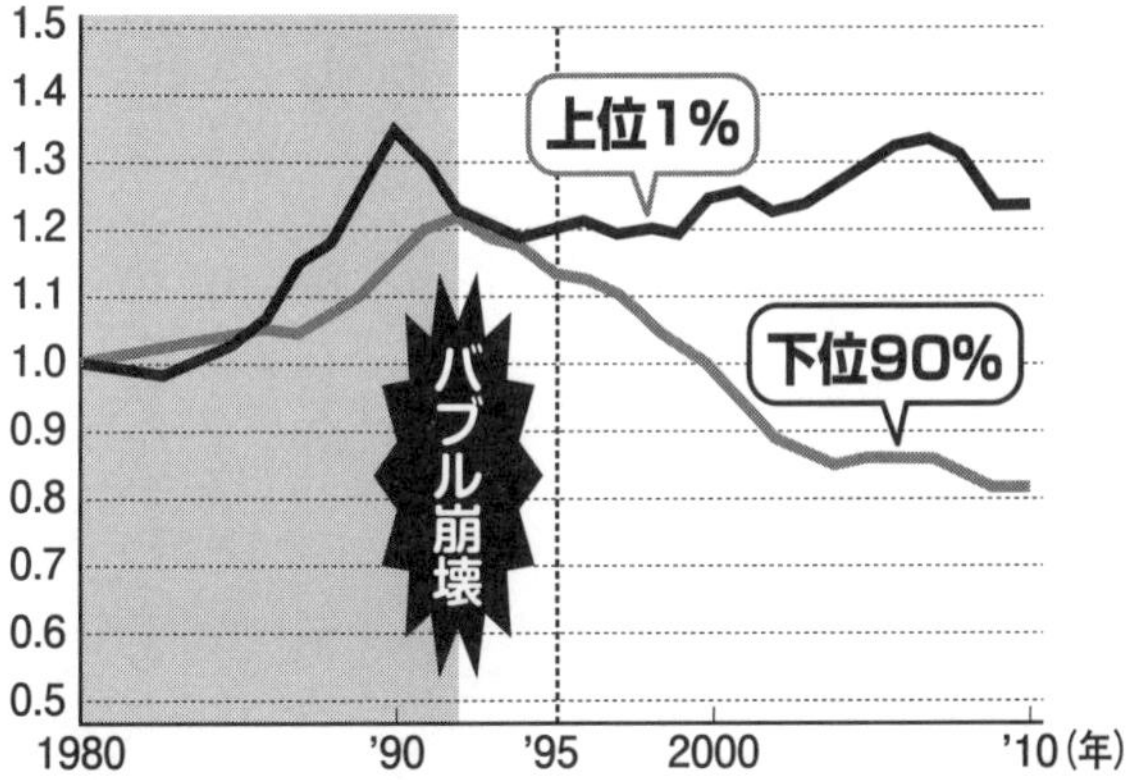

1980年の値を1として「The World Wealth and Income Database」のデータを基に作成

橋本政権の改革

橋本龍太郎元総理

金融ビッグバン

大幅な規制緩和を中心として
2001年までに東京市場を
ニューヨーク、ロンドンの市場と
競争できるまでに再生しよう
という金融市場制度の
抜本的な改革計画

◉自由競争の光と影

金融市場での自由競争が始まると、銀行や証券会社が次々につぶれていきました。四大証券会社の山一《やまいち》證券が97年に自主廃業し、都市銀行の北海道拓殖《たくしょく》銀行も経営破綻《はたん》しました。一時、13行あった都市銀行が、今では生き残りのため4つのグループに集約されています。自由競争ですから、どんなに大きな会社でも競争に負ければつぶれてしまうのです。

金融業の自由競争としては、たとえば銀行と証券の垣根をなくして、銀行が証券会社の仕事をしてもいいし、逆に証券会社が銀行の仕事をしてもよくなりました。また、異業種の会社が銀行業に進出することもできるようになりました。最近、ずいぶんカタカナの名前の金融機関が増えたと思いませんか。これは金融ビッグバンによって増えたのです。

ネットバンキングも盛んになっています。銀行の支店に足を運ばなくても、全部インターネットでお金の移動ができてしまう。こういう金融市場での自由競争を促したのが金融ビッグバンです。そのおかげでさまざまな分野で競争が広がり、それが格差の拡大を生むきっかけになったのではないかというわけです。

こうした自由競争が日本でも始まったことで、そのころ世界の流れでもあったグローバリゼーションが日本にももたらされたと考えられます。

ただ、今の解説だけ聞くと、自由競争が悪のように思えてしまうかもしれませんが、一概にそうとは言えません。自由競争も悪いことばかりではないということです。たとえば価格低下。規制緩和で新しい企業が相次いで参入してきて自由競争が始まりましたよね。それによって電話料金、電気料金、国内航空運賃などの価格が下がってきました。

格差を広げてしまった反面、自由競争は私たちの生活を豊かにするという一面もあるのです。ここが格差問題の難しいところです。

◉日本の景気は本当に良くなったのか？

日本でバブルが崩壊してからおよそ25年経ちましたが、この間、格差は広がってきました。しかし、政府が発表したデータの中には、日本経済が回復に向かっていることを示すものもあります。

まず賃上げ率です。1人当たり平均賃上げ率は3年連続で2％以上を達成しました。次に就職率。これも高卒、大卒共に非常にアップしています。ということは、失業率も下がっているはずで、グラフを見ると確かにダウンしています。こんなに景気が良くなっているというデータがあるんですよ、というのが政府の発表です。

では、今の日本経済の状態について、一般の人たちはどう思っているのでしょうか。これについては日銀のアンケート調査があります。日銀が全国の20歳以上の個人4000人を対象に1990年代から実施しているもので、発表は年4回。これをグラフにしたものを見てください。

「1年前と比べて、今の景気はどう変わりましたか」という質問に対して、「良くなっ

1人当たりの平均賃上げ率の推移

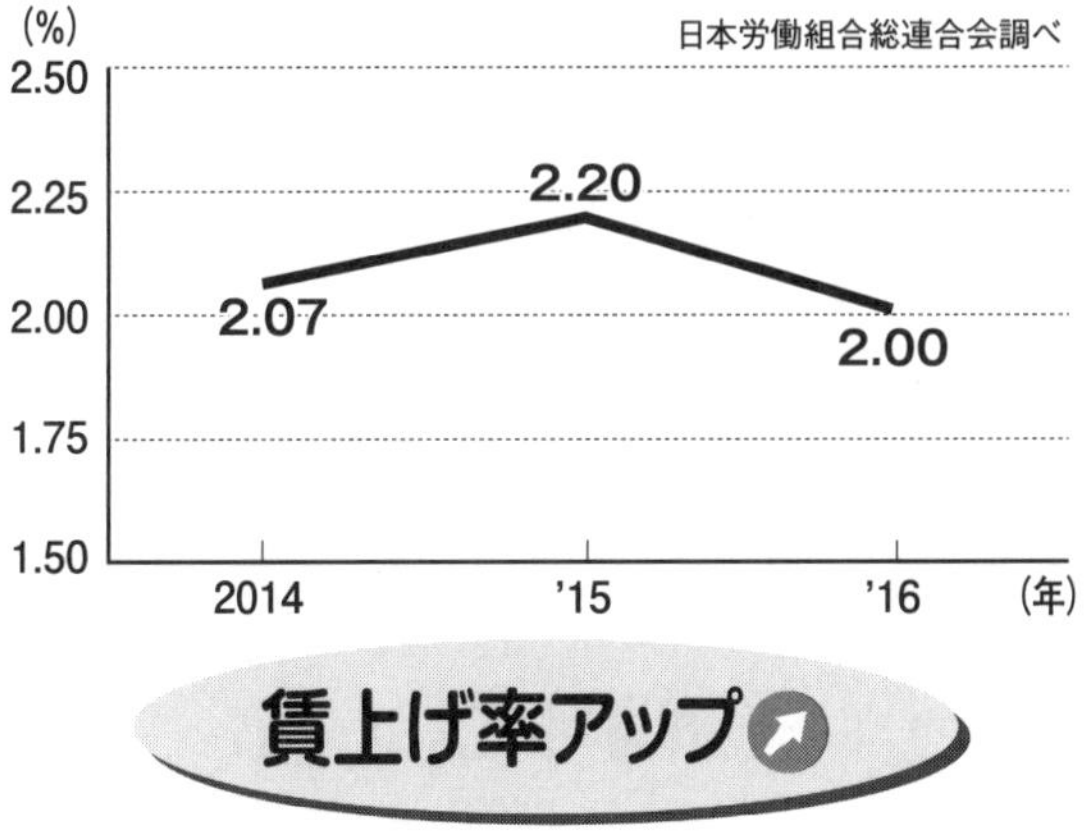

就職率の推移

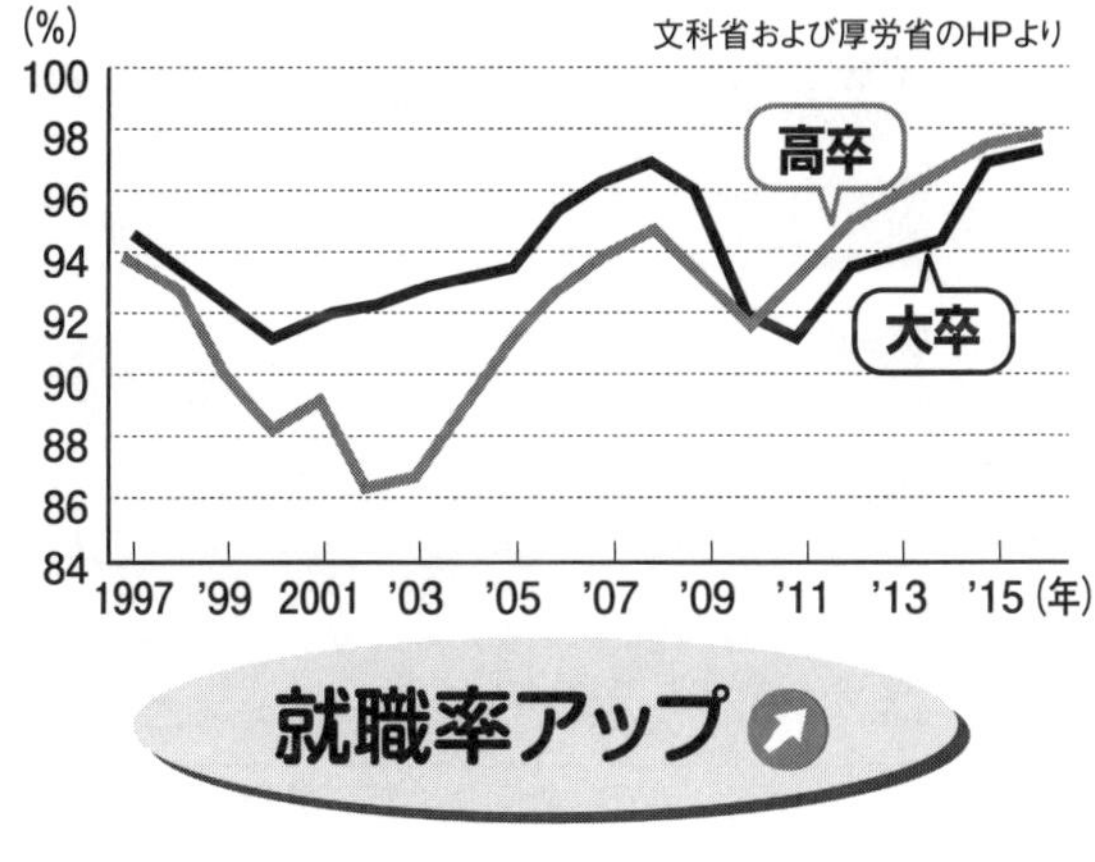

完全失業率の推移

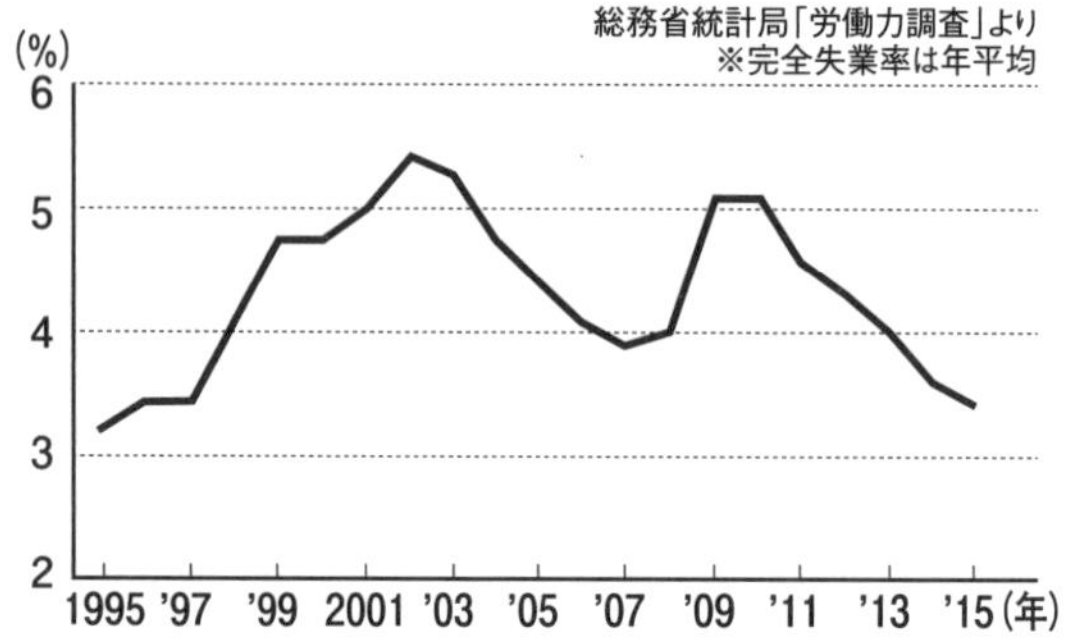

失業率ダウン

1年前と比べて景気は…

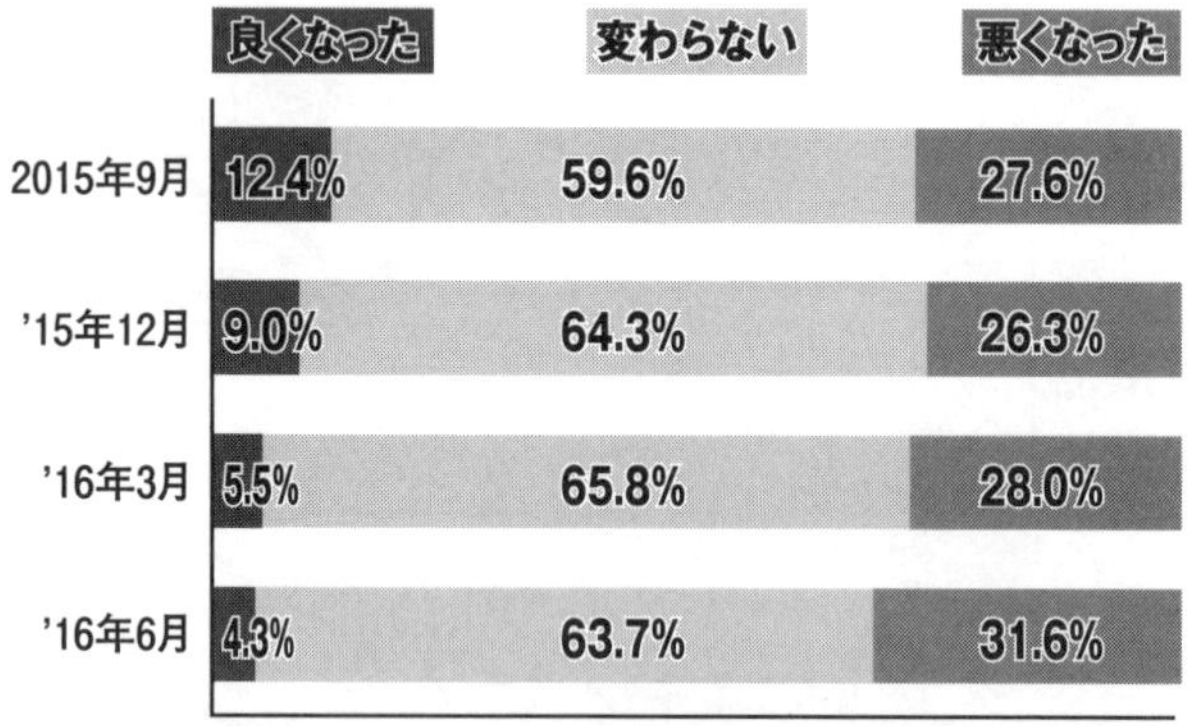

日本銀行「生活意識に関するアンケート調査」より

た」と答えた人の割合がどんどん減っています。2015年9月には12・4%あったのが16年6月には4・3%まで減ってしまいました。「1年前と比べて良くなった」と言う人が、3カ月ごとにこんなに減っているわけです。逆に、「悪くなった」と答えた人は増えています。

次に、街の人にも聞いてみました。「現在の日本の景気をどう思う?」という質問に、返ってきた答えは次の通りです。

男性「(景気はよく)なっていないですね。みんな電車で帰っちゃいますね。人はいるんですけど、飲んでる人もいっぱいいるんですけど、だいたい終電めがけて帰りますよね。タクシーでは帰らないですね」(タクシー運転手、57歳、東京・港区新橋)

男性「(景気がいいとは)感じません。給料に反映されないからね、うちらのね」(建設業、41歳、東京・江東区木場)

男性「物価は上がっているし、あとは社会保険料がめちゃくちゃ高くなってるじゃないですか。給料が全然上がらないのに支出ばかり上がっていって、結局、手元に残る

お金がないみたいな感じなので、生活は結構苦しいです」（通信関係、23歳、東京・港区新橋）

女性「全体的に悪いと思います。たとえばショッピングモールを歩いていて、ウインドーショッピングしている人は多いんだけど、実際にものを買っているかといったら、あまり買っていない気がする」（主婦、57歳、東京・港区浜松町）

男性「いま私、独りなんですが、一人で生活していくのがギリギリの範囲で、結婚とかしたら、ちょっとやっていけない」（営業、29歳、東京・大田区蒲田）

結婚できないとなると、〝ああ、こうやって少子化が進んでいくのか〟と思ってしまいますね。

●景気回復を実感できないワケ

政府は「景気が良くなっている」と言っているのに、多くの人たちが実感できない

正社員・非正規社員数の推移

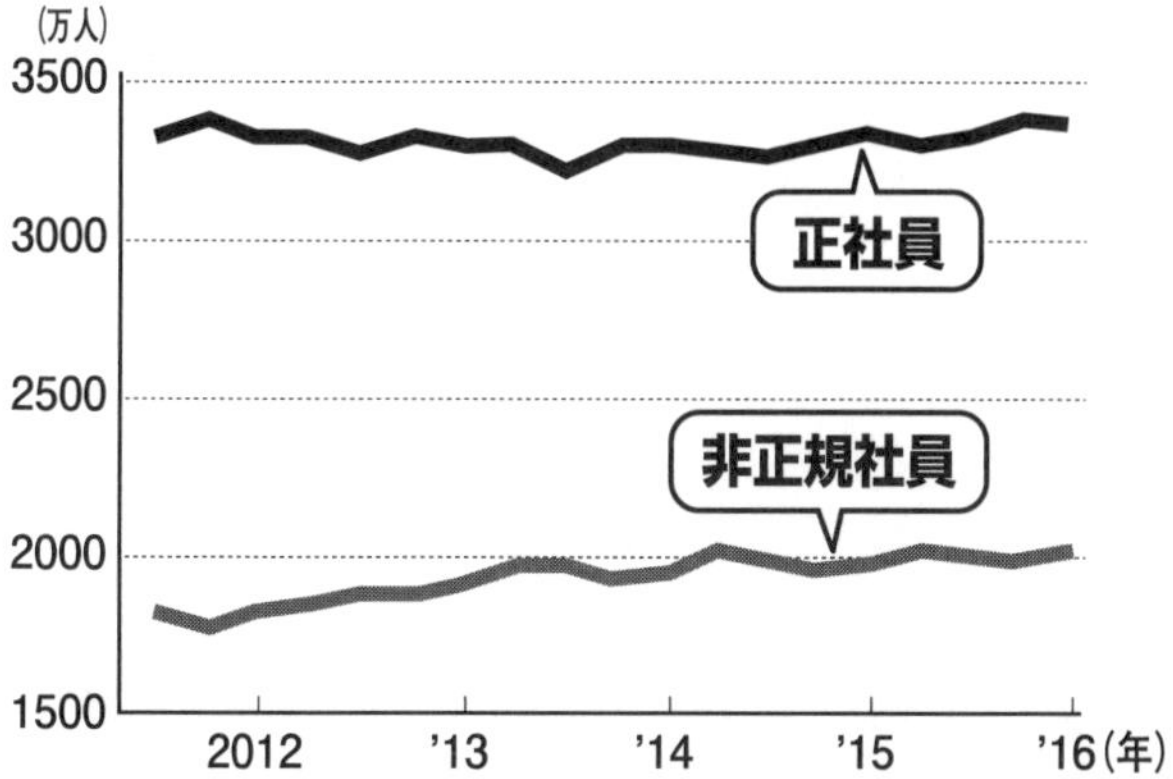

総務省統計局「労働力調査」を基に作成

のはなぜなのか。

その理由の一つが非正規社員の増加です。「正社員・非正規社員数の推移」のグラフを見てください。非正規社員がどんどん増えていることがわかります。つまり、非正規社員が増えていることで失業率が下がっている。確かに失業率が下がるのはいいことですが、不安定な雇用が増えているのです。

「失業率が下がった」と政府は言っていますけども、非正規社員の雇用が増えて失業率が低下しているだけではないか。となれば、景気が良くなっているとか、私たちの暮らしが良くなっているとか、そんな実感を持つ人は少ないだろう。こう考えることができます。

もう一つ理由があります。その理由を安倍総理はこう述べています。

「第1次安倍政権のときも企業は最高の収益を上げたわけでありますが、それはほとんど内部留保になってしまって、賃金の上昇につながらなかったのは事実であります」（2015年2月2日、参院予算委員会）

企業は潤ったけれども、社員の賃金アップにはつながらなかった。そうならなかった理由は内部留保にある。安倍総理はこのように言っているわけです。

では、この内部留保とは一体どんなものかというと、財務省の定義によれば、企業の純利益から配当金・税金などを差し引いた利益剰余金のこと。ひらたく言えば、「企業の儲けの蓄え」です。

企業が儲けたら、儲けた分を社員に還元すればいいのに、企業がそのままため込んでいる。つまり、安倍総理に言わせれば、アベノミクスで大企業には利益が出ているが、それが内部留保になってしまい、従業員や下請けの会社にまで行き渡っていない。これが多くの人が景気回復を実感できない理由だというのです。

内部留保はどれくらい増えたのでしょうか。企業の内部留保の推移をグラフにしました（次ページ中央）。安倍政権が発足したのは2012年12月。その頃から内部留保は増え続けています。

実際どんな企業にどれくらいの内部留保があるのか、2015年の1年間で経常利益の高かった企業100社の内部留保を番組でまとめてみました。次ページの一番下に示したのは上位10社です。

圧倒的に多いのがトヨタ自動車です。約17・4兆円。ただし、これらの内部留保は現金だけとは限りません。不動産や有価証券（株券、社債、国債など）といったものも含んでいます。

これほど多額の内部留保をため込んでいるとなると、その理由が気になりますね。この点を考える上で参考になる記事（産経ニュース16年9月1日付）がありました。企業の内部留保増加の実態を受けて内部留保に課税を考えている政府に対して、日本商工会議所の会頭、いわゆるトップが反論しているという記事なのですが、何と言っているのか見てみましょう。

増え続ける内部留保

安倍晋三 総理

第1次安倍政権の時も
企業は最高の収益を上げたが
それはほとんど内部留保に
なってしまって
賃金の上昇につながらなかった

2015年2月2日 参院予算委員会

企業の“内部留保”の推移

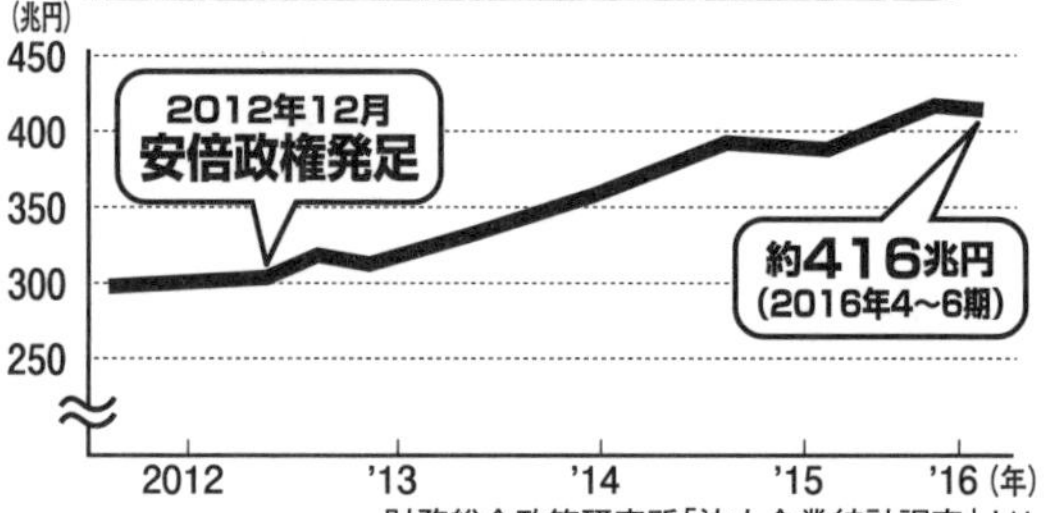

財務総合政策研究所「法人企業統計調査」より

“内部留保”上位10社

	企業名	利益剰余金
1	トヨタ自動車	約17.4兆円
2	ホンダ	約6.5兆円
3	NTT	約5.4兆円
4	NTTドコモ	約4.7兆円
5	日産自動車	約4.1兆円
6	日本郵政	約3.6兆円
7	キヤノン	約3.4兆円
8	KDDI	約3.2兆円
9	ソフトバンク・グループ	約2.9兆円
10	JR東海	約2.4兆円

金融庁EDINET「有価証券報告書・四半期報告書」(2016年12月8日時点)を基に作成

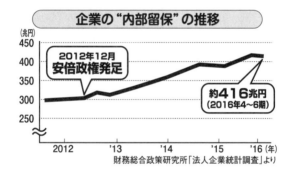

「内部留保課税は努力して収益をあげている企業のやる気をそぐもので、経済原則に反する。手持ちの現金は運転資金であり、景気の変動などへの対応に保険として必要だ」

やみくもにため込んでいるわけじゃない、ちゃんと理由があるんだと言っています。たとえば急激に円高が進むと、輸入業者は利益が上がりますが、輸出業者は利益が減って経営が厳しくなります。円安になれば、その逆です。円高や円安で先々どうなるかわからないから、その時のためにためておくんだよというわけです。

他にも、自動車産業の場合、売った後にその自動車に不具合が見つかり、大規模なリコール（回収・無償修理）があったりすると、多額の費用がかかります。そういうこともあるので、いざという時のためにお金をためておきたい。

もっと言えば、「景気が不安定だから」という理由もあるようです。これはバブル崩壊を経験した日本の企業が、この先の経済情勢がどうなるかわからない、不安だということでお金をためているということ。個人でも、老後が心配だからちょっとでもお金をためておこうとか、今後何が起こるかわからないから現金を手元に置いておこうとか考える人がたくさんいるように、企業も同じことをやっているんだという説明です。

本来、内部留保で企業が新たな工場を造るなど設備投資を行ったり、新たな仕事を始めたりすれば、景気が良くなるはずなのに、それをやらないところに問題があると安倍政権は見ています。

内部留保の一定額以上には課税するという検討を政府は始めているようです。ただ、企業にしてみれば、経済がこれからも安定的に成長していくという安心感があれば、こんなに内部留保しなくてもいいということになりますよね。企業は将来が不安だからため込んでしまうわけです。これからも安心していけるよという社会をつくることが政治の責任なのです。

◉実現なるか、同一労働同一賃金

政府は企業に対して利益を分配するように促していますが、なかなか思うようにいきません。そこで安倍政権は、格差の是正につながるかもしれない政策を始めました。

「同一労働同一賃金を実現し、『非正規』という言葉をこの国から一掃します」

これは16年8月3日の記者会見で安倍総理が述べた言葉です。

正社員と非正規社員の間には賃金の差がかなりあるので、その差を埋めて、同じ仕事をしているんだったら同じだけの給料を払いなさい、というのが「同一労働同一賃金」です。

厳密な言い方では、「等質・等量の労働に対しては、労働者の性別、年齢、人種などの区別なしに同じ額の賃金を支払うべきであるとする原則」となりますが、要するに、同じ仕事だったら性別や年齢などに関係なく同じ額の賃金を支払うということです。

ちなみに、非正規社員の平均賃金は、正社員の6割程度です。でも、非正規社員の働き方をよく見れば、正社員と同じ仕事をしている人はたくさんいます。ならば、そういう人たちには正社員と同じだけの賃金を払いなさい、というのが同一労働同一賃

格差の是正につながるかもしれない政策

安倍晋三 総理

安倍内閣は「未来」への
挑戦を続けていきます
（中略）
長時間労働を是正します
同一労働同一賃金を実現し
「非正規」という言葉を
この国から一掃します

2016年8月3日
第3次安倍再改造内閣
発足後の会見

平均賃金（月収・2015年6月分）

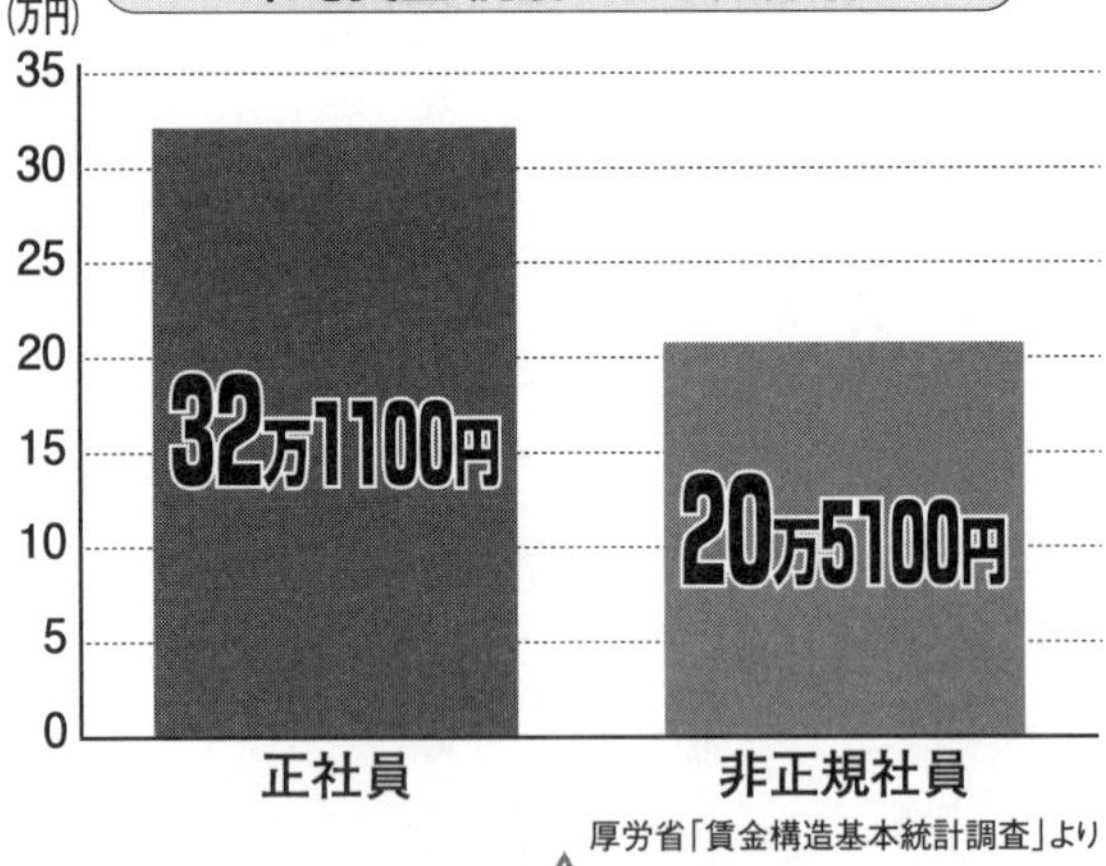

厚労省「賃金構造基本統計調査」より

非正規社員は正社員の約６割

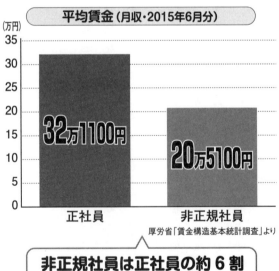

金です。

これは、せめてヨーロッパ並みにしましょうという目標があります。ヨーロッパでは非正規社員の賃金は正社員の8割ぐらいです。もちろんこれでもまだ差はあるのですが、かなりその差は小さい。日本は6割しかない。これをせめてヨーロッパ並みの8割に引き上げようというのが安倍政権の取り組みです。

果たして実現するのかどうか。すぐには無理かもしれませんが、政府が「これをやりなさい」と言えば、それぞれの企業がその目標に向かってどこまでやるかということになります。

本当は、政府がこうしろ、ああしろと命令するのではなくて、企業が自主的にそういうことをやりたくなるような環境をつくっていくのが、本来の政治の役割なのですが。

第9章

格差是正の方策を考える

富裕層による寄付が盛んに行われているアメリカ。個人の寄付総額はロシアの国家予算を上回るほどだ。それでも格差の是正は容易ではない。では、未来の日本のために今、一番大事なことは何だろうか？

◉寄付による「富の再分配」が盛んなアメリカ

格差の拡大は、日本はもとより世界中で起きています。格差を縮める決定的な妙案はないのでしょうか。現状を打開する動きの一つが富の再分配です。

お金を持っている人から持っていない人にお金を流そうという動き、これが富の再分配ですが、第3章で紹介したアメリカの大富豪たちは、ただお金を稼いでいるだけでなく実は多額の寄付をしています。

次ページの表を見てください。アメリカの個人寄付額ランキングです。トップのウォーレン・バフェット氏は、2015年の1年間だけで約3124億円寄付しました。ビル・ゲイツさんは、奥さんとビル&メリンダ・ゲイツ財団を設立し、その財団を通じて寄付を行っています。その額は約1540億円です。

私が取材で訪れたブルームバーグ社の創業者、マイケル・ブルームバーグさんも、およそ561億円寄付しています。

寄付の目的はさまざまですが、所得の低い家庭の教育支援や医療支援、あるいは開

2015年 アメリカ個人寄付額ランキング

順位	名前	寄付額
1位	ウォーレン・バフェット氏	約3124億円
2位	ビル&メリンダ・ゲイツ夫妻	約1540億円
3位	ジョージ・ソロス氏	約719億円
4位	ステファン・エドリス&ゲール・ニーソン夫妻	約564億円
5位	マイケル・ブルームバーグ氏	約561億円
6位	ピエール・オミダイア氏	約474億円
7位	チャック・フィーニー氏	約470億円
8位	ウォルトンファミリー	約413億円
9位	ハンスユルグ・ヴィース氏	約363億円
10位	ジェームズ&マリリン・シモンズ夫妻	約328億円

（1ドル＝110円で換算）

米『フォーブス』誌・「シュック・リサーチ」調べ

発途上国への支援などが多いようです。

寄付といえば、最近この人も話題になりました。マーク・ザッカーバーグ氏です。娘さんが生まれたのを機に、自身が保有するフェイスブック株の99％、約450億ドル相当を、生涯を通じて段階的に寄付すると宣言しました。日本円でざっと5兆円という大変な金額です。

彼は同時に、自分のフェイスブックで娘に宛てた手紙を公開しました。

「（手紙は）『お母さんと私は、あなたがくれた希望を言い表す言葉がまだ見つからない』と書き出し、『すべての親と同じように、今日より、より良い世界であなたに育ってほしいと思う』と思いをつづった。また、『我々の世代は、貧困と飢えをなくせるだろうか』と問いかけ、『我々世代が正しい投資を行えば、うまくいけばあなたの一生のうちに、答えはイエスになる』と記した」（毎日新聞15年12月2日夕刊）

社会全体が良くなれば、その社会の中で子供も安心して育っていく。こういう考え方ですね。

◉個人の寄付総額はロシアの国家予算を上回る

アメリカの大富豪たちの寄付の総額はどれくらいになるのか調べてみました。2015年の1年間で個人の寄付総額は約29兆円に上ります。その年のロシアの国家予算が約28兆円ですから、それを上回る金額を彼らは寄付しています。

お金持ちの寄付に対して、「節税対策ではないか」という批判の声もありますが、実際に一国の国家予算に匹敵するほどの寄付がされているというのは、やはりこれは大したものです。稼ぐけど寄付する人がいっぱいいるということです。

2015年 アメリカ個人寄付総額

約29兆円

（1ドル=110円で換算）
米慈善活動調査団体「ギビングUSA財団」調べ

では、なぜアメリカではこんなにも積極的に寄付が行われているのか。その理由の一つが宗教観にあるのではないかといわれています。アメリカにはキリスト教徒が多いですよね。キリスト教の新約聖書には、こんなことが書かれています。

「金持ちが神の国に入るよりも、らくだが針の穴を通る方がまだ易しい」（『新約聖書』マルコによる福音書第10章25節より）

キリスト教徒にしてみれば、財産を持っていたら天国に行けないのではないか。だから生きている間にみんな寄付をしよう。こういう発想です。

アメリカではこうやって、それぞれの個人に

キリスト教の新約聖書に書かれていること

金持ちが神の国に入るよりもらくだが針の穴を通る方がまだ易しい

『新約聖書』マルコによる福音書 第10章25節より

よって富の再分配が行われているとみることができます。

でも、それでも格差が広がっているという現実がある。それが今のアメリカです。この格差を何とかしてほしいと思っている人たちが大勢いるからこそ、ドナルド・トランプ氏が大統領に選ばれたということなのでしょう。

そのアメリカの新大統領が行おうとしている政策が格差をなくせるかというと、これは極めて不透明です。まだよくわからない。それにもかかわらずトランプ氏が当選したのはなぜなのか。「この人なら何かを変えてくれる！」という国民の期待があったからトランプ氏が選ばれた、という側面もあるのだろうと思います。

◉子供の教育格差の改善を急ぐべき

アメリカでは、格差に対する国民の思いが大統領選にまで影響し、意外な結果を生みました。では、今の日本の格差を是正するためにはどうすればよいのか？

未来の日本のために私が最も大切だと思うのが、子供の教育格差の改善です。２０１６年9月に発表されたＯＥＣＤ（経済協力開発機構）に加盟する先進国33カ国の「教育機関への公的支出の割合」を表したグラフがあります。さあ、日本は何位だと思いますか？

次ページからのグラフの左側、上位から見ていってください。ノルウェー、デンマーク、フィンランドと北欧が続きます。ベルギー、アイスランド、スウェーデン……と上位を占めているのはヨーロッパの国々。日本はなかなか出てきません。視線をずっと右に移していって、やっと見つかった日本は下から2番目。しかも、その前年の

公的支出の割合

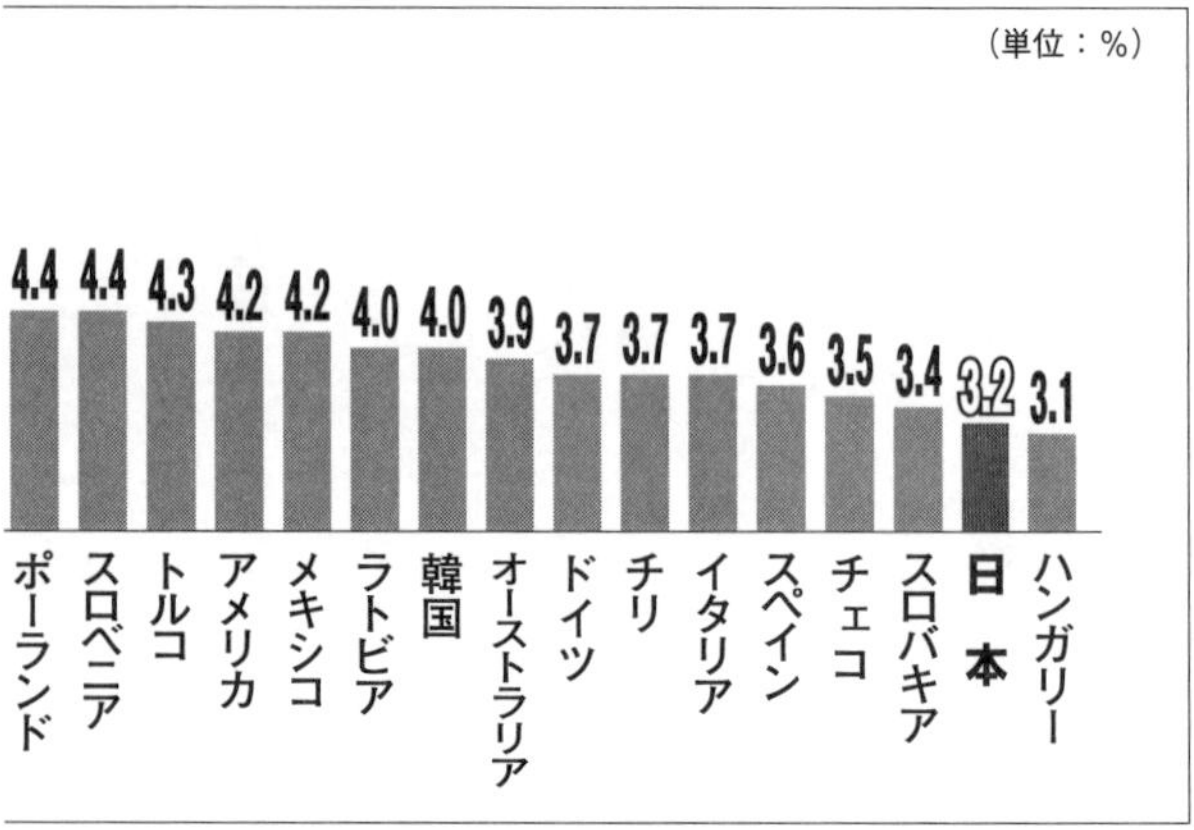

OECDインディケーター（Education at a Glance 2016）より

発表までは6年連続で最下位だったのです。今回、ようやく最下位から一つ上がりました。

ヨーロッパの多くの国は高校まで、あるいは大学まで教育費が無料です。特にグラフの左の方の北欧諸国は、幼稚園から大学まで学費がすべて無料です。

中には大学生にお小遣いを支給する国もあります。学費が無料であるばかりか、「アルバイトしなくていいように生活費も渡すから、勉強に専念しなさい」という国まであるのです。

ベースにあるのが、「きちんと教育を受けた子供たちは、将来、就職してお金

各国の教育機関への

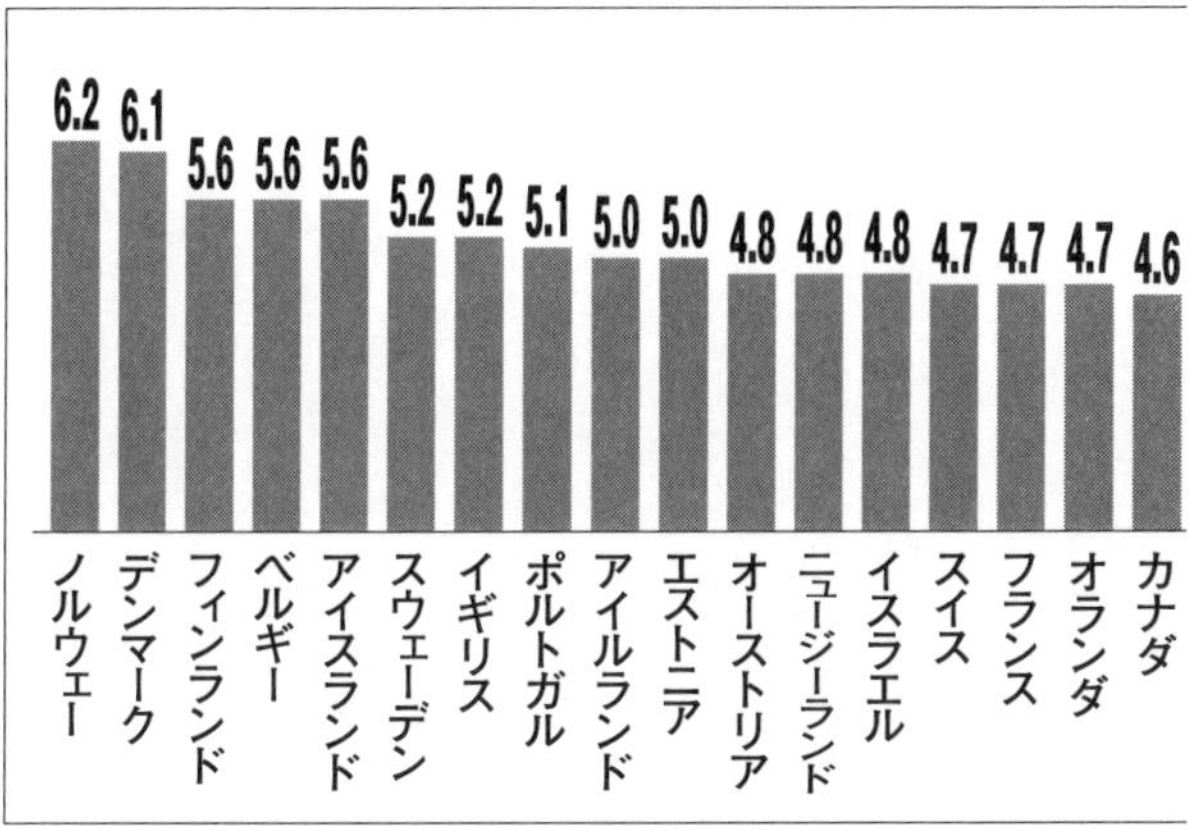

を稼げば税金を国に納めてくれるから、結局、教育に投資したお金は戻ってくる」という考え方です。

日本は、あれだけ教育格差があるのですから、もう少し何とかならないのかと思いますよね。でも、実はまだこんな状態だということです。

日本の場合、消費税を2％上げて、その2％分の税金をすべて教育費に充てれば、小学校から大学までの学費を無料にできるという計算もあるのです。「だったらそうすればいいじゃないか」と思うかもしれませんが、子供のいない人や子供の教育がもう終わってしまった人から

「なんでよその子供のために私の払う消費税が2％上がるんだ」という反対の声が上がることも考えられます。そうなると、なかなか実現は難しい。

よその子供であっても、きちんとした教育が受けられて、就職して税金をきちんと納め、年金の保険料も払ってくれれば、将来の年金制度が維持できるということにもなります。広い視野に立ってこの問題を考えていくことも必要だと思います。

◉日本の未来に向けて

「日本は教育にお金を使っていないのではないか？」という批判を受けて、最近、自民党と公明党が、所得が少ない世帯の大学生に対して返す必要がない奨学金、給付型奨学金といいますが、これを2017年度から拡張しようという方針を明らかにしました。

ということは、ようやく政治もこの問題に気がついて、徐々に取り組みを始めるようになったと言えるでしょう。

ここまで見てきたように、格差はいろいろな原因によって起きています。「原因はこれだ」「こうすれば解決できる」とは一概に言えないところがあります。そこが非常に難しいところですが、せめて明日の日本を担う子供たちには、スタート地点を同じにして、みんな同じスタートラインに立てるようにすることが大事なのではないか。

たまたま生まれた家がお金持ちだからいい教育を受けられる、あるいは貧しかったから教育を受けられないということではなくて、どんな子供もスタートは同じにする。その後は、本人の努力によってそれなりの差が出るのは仕方がない。でも、まずはスタートを一緒にする。そのために国がもっとお金を使うことが大事なんだろうと思います。

著者略歴

池上 彰 (いけがみ・あきら)

1950年、長野県松本市生まれ。慶應義塾大学経済学部を卒業後、NHKに記者として入局。さまざまな事件、災害、教育問題、消費者問題などを担当する。1994年4月から11年間にわたり「週刊こどもニュース」のお父さん役として活躍。わかりやすく丁寧な解説に子どもだけでなく大人まで幅広い人気を得る。2005年3月にNHKを退職したのを機に、フリーランスのジャーナリストとしてテレビ、新聞、雑誌、書籍など幅広いメディアで活動。2012年2月から2016年3月まで、東京工業大学リベラルアーツセンター教授。
おもな著書に『伝える力』シリーズ(PHP新書)、『そうだったのか! 現代史』他「そうだったのか!」シリーズ(集英社)、『知らないと恥をかく世界の大問題』シリーズ(角川SSC新書)、『池上彰教授の東工大講義』シリーズ(文藝春秋)、『池上彰のニュース そうだったのか!!』1〜4巻、『日本は本当に戦争する国になるのか?』『なぜ、世界から戦争がなくならないのか?』(SBクリエイティブ)など、ベストセラー多数。

番組紹介

池上彰緊急スペシャル!

普段何気なく見ているニュース。その裏には、驚くほどの様々な背景や思惑が隠れている。そして、私たちが、今の世界にいだく大きな疑問。タブーなき徹底解説で、池上彰が、世界の"仕組み"を深く、広く、とことんひもとく。

◎フジテレビ系全国ネット
「金曜プレミアム」(金曜よる9時から10時52分)などで、不定期に放送
◎解説:池上 彰
◎進行:高島 彩

■本書は、「金曜プレミアム『池上彰緊急スペシャル！』」(2016年12月16日放送）の内容から構成し、編集・加筆したものです。

SB新書　384

世界《せかい》から格差《かくさ》がなくならない本当《ほんとう》の理由《りゆう》

2017年３月15日　初版第１刷発行

著　者　池上《いけがみ》　彰《あきら》＋「池上彰緊急《いけがみあきらきんきゅう》スペシャル！」制作《せいさく》チーム

発行者　小川 淳

発行所　SBクリエイティブ株式会社
〒106-0032　東京都港区六本木2-4-5
電話：03-5549-1201（営業部）

協　力　フジテレビジョン

装　幀　長坂勇司（nagasaka design）

組　版　株式会社キャップス

本文デザイン　三村　漢（niwa no niwa）

編集協力　伊藤静雄

図版作成　山咲サトル

イラスト　堀江篤史

写真・記事　朝日新聞
沖縄タイムス
共同通信
産経新聞
東京新聞
毎日新聞
読売新聞

印刷・製本　大日本印刷株式会社

ISBN 978-4-7973-8952-4